# MYTHOLOGIE

## ÉPURÉE

Propriété des Éditeurs.

# MYTHOLOGIE

## ÉPURÉE

A L'USAGE

### DE L'ÉDUCATION POUR LES DEUX SEXES

AUGMENTÉE

de notes géographiques, et d'une explication
de la Mythologie par l'histoire

### Mme EMMA MOREL

Maîtresse de pension

TOURS

ALFRED MAME ET FILS

# PRÉFACE

personne qui ne reconnaisse
nécessaire l'étude de la My-
effet, pour qui ne possède au
notions élémentaires de cette
poëtes anciens et modernes
inintelligibles, les plus célèbres
des peintres et des statuaires
plus que des énigmes inexpli-

cables et des conceptions mon[...]
l'ignorance de la mythologie fr[...]
mort les chefs-d'œuvre des be[...]
qui font la gloire de l'esprit hum[...]

Les croyances du paganis[...]
sentent qu'un amas confus de [...]
d'apologues et de contes plu[...]
ingénieux , embellis par le[...]
auxquels la fantaisie de cha[...]
de chaque pays ajoutait de n[...]
tails ; mais ces inventions [...]
ont joué un rôle si importan[...]
toire des anciens peuples , ell[...]
de si nombreux sujets de com[...]
écrivains et aux artistes , qu[...]
sance nous en est indispe[...]
peuvent encore nous inspirer [...]

en nous montrant dans quel
table chaos d'absurdités et d'extra-
l'homme tombe inévitablement
oublie son Créateur, pour se livrer
et aux fausses religions.

à côté de beaucoup de
d'intérêt, cette étude présente
incontestable, résultant de la
de mœurs qui existait parmi
Elle offre une foule de tableaux
ion et la morale commandent
vèrement.

nous flattons pas d'avoir écrit
dieux de la Fable mieux que
ciers ; mais nous croyons qu'au-
n'a mis une attention aussi
à éviter tout ce qui pourrait

porter la moindre atteinte à
d'esprit et de cœur que de
teurs doivent s'attacher par
à conserver chez leurs élèves,

# MYTHOLOGIE ÉPURÉE

## NOTIONS PRÉLIMINAIRES

———

Mythologie la science qui apprend
...toire et les attributions des di-
...nisme.
... de ces divinités était très-consi-
... comptait jusqu'à trente mille ;
... sont aujourd'hui complétement
... nous ne nous occuperons que des

... païenne distribuait les Dieux en
... la première comprenait les *Dieux*
*Dieux des nations*, ainsi appelés
... culte était honoré généralement

... principaux étaient au nombre de
... Jupiter, Neptune, Mercure,

Apollon, Mars, Vulcain, Junon, C[illegible]
Minerve, Vénus, Diane, Uran[illegible],
Genius, le Soleil, Pluton ; Bacch[illegible],
la Lune. Les douze premiers co[illegible]
conseil suprême ; les huit derniers n[illegible]
pas.

La seconde classe était compos[illegible]
*indigètes* ou *Dieux inférieurs* des n[illegible]
que Thémis, Plutus, Flore, etc.

La troisième catégorie renfer[illegible]
Dieux et les Héros de l'antiquité.

Enfin les divinités de la q[illegible]
étaient les vertus qui honorent l'h[illegible]
même les vices qui la dégrade[illegible]
courage, la clémence, ou la col[illegible]
songe, etc.

Nous diviserons ce cours en [illegible]
dans la première nous nous o[illegible]
Dieux principaux ; dans la seco[illegible]
du second ordre ; dans la trois[illegible]
Dieux et des Héros ; dans la qua[illegible]
rendu aux faux Dieux, des je[illegible]
monuments et des usages de l'[illegible]

# PREMIÈRE PARTIE

## ...TÉS DU PREMIER ORDRE

### ...SATURNE ou LE TEMPS.

...tion du monde, la Fable suppose ...n'était qu'une masse informe con... ...état de confusion générale, tous ...qui, en se débrouillant et se coor... ...ormèrent le globe que nous habi... ...ordre primitif avait reçu des païens

...ait le plus ancien des Dieux, et ...erre, la première déesse. Ils eurent ...Titan et Saturne, ou le Temps.

...de fils aîné, Titan devait héri... ...du monde; mais, sur les instances ...il abandonna ses droits à Saturne, ...on que celui-ci n'élèverait aucun

...Cybèle, femme de Saturne, ayant ...Jupiter et Junon, ne présenta à ...que cette dernière, et lui donna, à la ...fils, une pierre emmaillottée, qu'il ...médiatement. Plus tard elle trouva ...yen de soustraire à la férocité de ce ...Neptune et Pluton. Informé de cette

supercherie, Titan déclare la gu[illegible]
s'empare de lui, et le retien[illegible]
Cybèle. Cependant Jupiter ava[illegible]
recherches de son oncle; deve[illegible]
une armée, défait les ennemi[illegible]
replace son père sur le trône.

Cet état de choses dura peu. Sa[illegible]
dans le livre des Destins qu'il ser[illegible]
un de ses enfants, résolut de [illegible]
piter, dont il redoutait l'ambiti[illegible]
donc des embûches; mais Jup[illegible]
danger, et pour se venger i[illegible]
père, le chassa du ciel et s'empar[illegible]

Déchu de sa grandeur, Satur[illegible]
un asile en Italie, où Janus, r[illegible]
l'accueillit avec respect et lu[illegible]
autorité. Pour reconnaître cett[illegible]
pitalité, Saturne voulut assur[illegible]
habitants du Latium; il leur d[illegible]
inspira l'amour de la vertu, [illegible]
l'agriculture. C'est l'époque [illegible]
les poëtes ont célébrée sous le [illegible]
Les temps qui suivirent fure[illegible]
appelés l'*âge d'argent*, l'*âge [illegible]
*fer*, parce que les hommes s'é[illegible]
en plus de leur innocence [illegible]
mitive.

Saturne ayant donné à Janus [illegible]
du passé et de l'avenir, la Fable [illegible]
avec deux visages, dont l'un [illegible]
l'autre derrière. On en a fait [illegible]
Numa Pompilius lui bâtit [illegible]
dont les portes étaient fermées [illegible]
ouvertes pendant la guerre.

On représente Saturne où le [illegible]

...llard tenant une faux, symbole de ... les ailes qu'il porte aux épaules et ...ux pieds rappellent sa rapidité; près ... serpent qui se mord la queue, em-...cle perpétuel et de la révolution des ... donne encore pour attributs un ...viron (1).

... ...ment la Fable représente-t-elle l'uni-...? — Quels furent les plus anciens des ... leurs enfants ? — Lequel des deux ...? — Quelles furent l'occasion et l'issue ...tre les deux frères? — Comment Jupiter ...empire des cieux? — Que devint Saturne? ... Janus? — Comment représente-t-on

<hr>

## CYBÈLE ou VESTA.

...éesse de la terré, est fille du Ciel

---

... le nom de Saturne à une planète qui est à 1,316 ...tres du soleil, et qui a 800 fois la grosseur de ...lore plus de vingt-neuf ans à faire sa révolution.

et épouse de Saturne ; on l'appelait [illegible] ou la bonne déesse, et encore G[illegible] parce qu'elle avait donné naissance [illegible] Dieux.

Sous le nom de Vesta, on la reg[illegible] reine du feu. Numa Pompilius lui av[illegible] un feu éternel qui était sans cesse ent[illegible] six prêtresses nommées *Vestales*, [illegible] dans les familles les plus distingué[illegible] si ce foyer sacré venait à s'éteind[illegible] croyait menacée des plus grands dé[illegible] ne pouvait le rallumer qu'au feu d[illegible] rayons du soleil ; la Vestale dont l[illegible] avait causé cet accident était [illegible] vante (1).

On représente ordinairement C[illegible] d'une longue robe parsemée de [illegible] couronné de créneaux et de tour[illegible] main un disque et une clef, [illegible] traîné par quatre lions. Le pin lu[illegible] cré.

Ses prêtres, appelés *Galles*, C[illegible] *tyles*, l'honoraient en dansant auto[illegible] tue, avec des contorsions épou[illegible]

*QUESTIONS.* Qu'est-ce que Cyb[illegible] rendait-on sous le nom de Vesta ? — [illegible] sente-t-on ? — Quels noms portaient [illegible] ment l'honoraient-ils ?

(1) Quelques auteurs prétendent que V[illegible] Cybèle ; mais la plupart des poëtes les confo[illegible] qu'une seule et même divinité.

(2) On a donné le nom de Vesta à une plan[illegible] 328 millions de kilomètres du soleil, et qui [illegible] en 3 ans et 240 jours.

## III. — JUPITER.

ils de Saturne et de Cybèle, ayant
par sa mère à la férocité de Saturne,
engagé à dévorer tous ses enfants
confié aux Corybantes, qui l'élevèrent
en Crète (1); les prêtres de Cybèle dan-
our du berceau du jeune Dieu en frap-
bassins d'airain, pour empêcher ses
venir aux oreilles de son père. Jupiter
du lait de la chèvre *Amalthée;* plus tard
orma cette chèvre en constellation, et
une place dans les cieux; une de ses

connue aujourd'hui sous le nom de Candie,
importante située dans la Méditerranée, au sud de

cornes qu'il donna aux nymphes qui
soin de son enfance avait le don
toute espèce de biens ; c'est ce qu'on
*la corne d'abondance.*

Quand Jupiter se fut emparé du
père, il partagea l'empire du mon
deux frères : Neptune fut le roi des
régna sur les enfers, et Jupiter se r
avec le droit de présider à l'univers.

Dès le commencement de son
une guerre redoutable à soutenir
TITANS ou GÉANTS, fils de la T
tèrent contre son autorité. C
d'une stature prodigieuse et
sale ; les uns, comme *Bri*
bras et cinquante têtes ; d'autr
homme et moitié serpent.
ciel, ils entassèrent l'une sur
tagnes de la Thessalie, et
frayeur aux Dieux, que la plupart
en Égypte, où ils se cachèrent sou
formes d'animaux ou de plantes
était resté auprès de Jupiter son
lion. Mais bientôt les autres
Hercule se déclara leur champion
s'étant emparé de la foudre, ren
et les écrasa sous les montagnes
accumulées. *Typhon*, l'un d'eu
sous l'Etna (1), et les poëtes ont
les éruptions de ce volcan et les tre
terre qu'il produit venaient des en

---

(1) *L'Etna* ou *mont Gibel*, célèbre vol
et élevé de 3,300 mètres ; son princi
lieue de tour. Empédocle y trouva la
cendre.

…me la montagne retient prisonnier
.

… pour femme Junon, mais la Fable
… en même temps plusieurs autres ;
… …aire à la vigilance de Junon, qui
… …, il prenait toute espèce de fi-
… transforma en taureau pour en-
… en cygne pour visiter Léda ; en
… pénétrer chez Danaé ; en satyre
… Antiope ; il avait pris les traits
… tromper Callisto, et il se méta-
… …e pour enlever le jeune Ga-
… …t son échanson.

… … de Japet, ayant formé des
… avec de la terre délayée, les
… du feu du ciel qu'il avait déro-
… Pallas, au char du soleil. Ju-
… …e audace, ordonna à Mercure
… …méthée sur le mont Caucase (1),
… …dévorait sans cesse son foie,
… …jours ; ce supplice dura jusqu'à
… …nt y mettre un terme et délivrât

… …oux du droit exclusif que s'at-
… …à créer des hommes, se réuni-
… …une femme que chacun d'eux
… …des avantages dont il pouvait
… …ils nommèrent *Pandore*. Jupiter,
… …oir contribuer à sa perfection,
… …une boîte qu'il lui ordonna de
… …thée. Celui-ci ne l'eut pas plus tôt
… …tous les maux, tous les vices et tou-

---

… …agnes élevées et hérissées de glaces éter-
… …Noire et la mer Caspienne.

tes les misères de la nature humaine, qui
enfermés, en sortirent aussitôt et se r
sur la terre. L'espérance seule rest
la boîte.

La corruption se répandait de
sur la terre, et les hommes attir
par leurs crimes la colère du
sévir contre le genre humain,
connaître par lui-même toute l'éten
il vint en Arcadie, et alla demandé
à *Lycaon*, roi de ce pays, que l'on
se plaire à répandre le sang de to
gers qui tombaient en son pou
cruel, pour s'assurer de la divini
lui servit à manger les membre
qu'il venait d'égorger. Jupiter,
saisit sa foudre et réduisit le pala
Lycaon parvint à s'échapper, ma
des Dieux le suivit dans les bois
ché un refuge, et il fut métam

Ce fut pour punir les crimes
maine que Jupiter résolut de l'an
déluge universel. Les eaux env
surface du globe et couvrirent
hautes montagnes. Tous les ho
*Deucalion* et sa femme *Pyrr*
épargnés par considération pou
leur barque les déposa sur le so
Parnasse. Quand les eaux se fure
calion et Pyrrha, se trouvant isolé
terre désolée, allèrent consulter l
mis, qui leur conseilla de jeter derr
dessus leur tête *les os de leur g*
ces mots l'oracle entendait des p
les os de la terre. Les deux é

lancées par Deucalion devenaient
tandis que celles que jetait Pyrrha
phosaient en femmes ; c'est ainsi
couvrit de nouveaux habitants.
à Jupiter un grand nombre de
les lieux où il était adoré , et
jusqu'à trois cents Jupiter dont
confondu dans un seul toutes
toutes les attributions. On l'ap-
*Jupiter Olympien* , parce qu'il
on , sa cour sur le sommet du
(1) ; les Égyptiens le nommaient
les Romains le surnommaient
cause du temple que Tarquin le
consacré au Capitole ; et
sur un vœu que lui avait fait
arrêté les Sabins prêts à
la ville. On le nommait encore
parce qu'il présidait à l'ob-
devoirs de l'hospitalité.
Jupiter avec une figure ma-
longue barbe, assis sur un
d'ivoire, tenant la foudre dans la
ses pieds on place ordinairement
oiseau de prédilection. Le chêne
cré (2).

Quelle fut l'enfance de Jupiter ? — Com-
il l'empire du monde avec ses frères ?
guerre à soutenir dès le commencement
Contre qui, et quelle en fut l'issue ? —

---

la Grèce , dans la Thessalie, séparée du mont
de Tempé.
le nom de Jupiter à une planète qui est
kilomètres du soleil , laquelle a 1,470 fois la
terre , et emploie près de douze ans à faire sa

Quelle fut l'épouse de Jupiter? — [...]
Prométhée. — Qu'était-ce que [...]
crimes les hommes excitèrent-ils la [...]
Comment leur race fut-elle détruite [...]
Jupiter n'avait-il pas différents noms [...]
présente-t-on?

IV. — JUNON.

Fille de Saturne et de Cybè[le...Ju-]
piter, Junon était la reine de[s ...]
des royaumes et des empire[s ...pro-]
tectrice du mariage; c'est po[ur...ap-]
pelait *Pronuba*; elle présid[ait...nais-]
sance des enfants, et dans c[e...]
on l'invôquait sous le nom de [...]

Elle eut pour enfants Hébé, [...jeu-]
nesse, qui servit le nectar à [...jus-]
ce qu'elle fût remplacée dans c[e...]
Ganymède; et Vulcain, le dieu [...]
ayant créé Pallas de lui-même[...]

[...]veau, Junon donna de son côté [...] Mars.

[...] un caractère orgueilleux et vin[...] poursuivait sans relâche ceux qui [...] son mécontentement. L'histoire [...] offre une preuve devenue cé[...] avec tout l'Olympe aux [...] et de *Thétis*, lorsque la Dis[...] pas été invitée, voulant se [...], jeta sur la table une pomme [...] cette inscription : *A la plus* [...] et Pallas se disputèrent vi[...], et, pour mettre un terme [...] Jupiter chargea *Paris*, fils de [...]oie, de décerner le prix de la [...] prononça en faveur de Vénus, [...] de cet échec, devint l'enne[...] Troyens, qu'elle ne cessa de [...] après la chute de leur em[...]

[...]ouvent en querelle avec son [...] tourmentait par sa jalousie ; elle [...] ses rivales, ainsi que [...] surveiller les démarches [...] employait un espion, nommé [...] yeux, dont cinquante veil[...] autres se reposaient. Par [...] Mercure endormit au son de [...] observateur et le tua. Junon [...]forma en paon, et jeta ses cent [...]mité des plumes de cet oiseau, [...] sa protection.

[...] avait *Iris* pour messagère et [...], voulant récompenser ses bons [...]délité, elle la plaça dans le ciel,

où elle la transforma en un vaste [...]
revêtu de brillantes couleurs : c'est ce [...]
appelons l'arc-en-ciel.

On représente Junon avec des [...]
tueux et fiers, portant un diadème [...]
et un sceptre à la main ; elle est [...]
trône, ou dans un char traîné par [...]

*QUESTIONS.* Qu'est-ce que Junon, [...]
donnait-on ? — Quels furent ses enfants ? [...]
caractère ? — Vivait-elle en bonne [...]
époux ? — Qu'était-ce qu'Iris ? — Comment [...]
on Junon ?

---

## V. — APOLLON.

APOLLON, Dieu de la poésie, de [...]

---

(1) On a donné le nom de Junon à une [...]
363 millions de kilomètres du soleil, et qui [...]
en 4 ans et 130 jours.

cevait aussi le nom de Phébus
considérait comme dieu du jour,
der le char du soleil.

de Jupiter et de *Latone :* sa mère
à souffrir de la jalousie de Junon,
poursuivre par le serpent *Python.*
errait de côté et d'autre, elle
paysans qui travaillaient à la terre
et, comme elle était fort alté-
demanda un peu d'eau pour se ra-
en reçut qu'un refus insultant.
Jupiter les métamorphosa en
Enfin la fugitive dut un asile à la
ce Dieu fixa d'un coup de
Délos (1), qui jusqu'alors n'était
flottant, et Latone y donna le jour
Diane.

exploit d'Apollon lorsqu'il eut
fut la destruction du serpent
monstre énorme né du limon de la
Junon avait mis à la poursuite de
à coups de flèches, et de sa
le trépied sur lequel s'asseyait
de Delphes (2), pour rendre ses
à l'occasion de cette victoire
stitua les jeux pythiens, que l'on

_______________

d'hui *Dilés* ou *Idili,* petite île de l'Archipel,
On y trouve encore quelques débris du
y avait consacré à Apollon et à sa sœur.
Phocide, une des plus grandes villes de l'an-
nommée surtout par l'oracle d'Apollon. Cette
les anciens pour le milieu de la terre :
marquer, fit voler en même temps, de l'orient
deux aigles, qui se rencontrèrent à Delphes.
est aujourd'hui occupé par un village nommé

célébrait tous les quatre ans, en [...]
musique et à la danse.

Apollon avait eu un fils [...]
auquel le centaure *Chiron* ava[...]
décine. Il était devenu telle[...]
cette science, qu'il put rendre [...]
*lyte*, fils de Thésée, que se[...]
avaient traîné et déchiré sur [...]
ce succès lui devint funeste, ca[...]
d'une cure qui semblait emplo[...]
foudroya le malheureux Escu[...]
ne pouvant venger son fils [...]
Dieux, lança ses flèches cont[...]
avaient forgé la foudre, inst[...]
d'Esculape; mais Jupiter, pou[...]
le chassa de l'Olympe et ne lu[...]
grâces et la conduite du char [...]
l'avoir tenu pendant plusieurs [...]
les hommes.

Le Dieu proscrit alla cherch[...]
*Admète*, roi de Thessalie, do[...]
peaux; ce qui l'a fait hono[...]
des bergers. Il devint épris [...]
*phné*, qui, pour éviter ses p[...]
son père, le fleuve *Pénée*, [...]
laurier. Apollon en cueillit u[...]
se fit une couronne, et voulu[...]
fût consacré. Il s'était lié in[...]
*cinthe*; mais un jour en jouan[...]
involontairement. Désolé de c[...]
métamorphosa son jeune ami e[...]
le nom d'hyacinthe ou de j[...]

(1) Esculape, dieu de la médecine, [...]
sous la forme d'un serpent. Le coq lui était [...]

[...]l pour lui d'amers souvenirs.

[...] en Asie, où il trouva Neptune, [...] qui s'était mis au service du [...] Il se réunit à lui, et les deux di- [...] travaillèrent à l'érection des murs [...] Quand le travail fut achevé, [...] les frustrer du salaire dont il [...] le punirent sévèrement de sa [...] Neptune renversa une partie de la [...]fondation, et Apollon dévasta le [...].

[...] passait pour l'inventeur de [...] de la poésie, et excellait dans [...], le Dieu des campagnes, avait [...] les sons de sa flûte contre les [...] d'Apollon; il fut honteusement [...] Midas, roi de Phrygie, [...] préférence à Pan, Apollon lui [...]ux oreilles d'âne. Le roi cachait [...] difformité sous un grand bonnet; [...] éprouvant le besoin de se dé- [...] de ce secret, fit un trou dans la [...] voix basse en collant sa bouche [...] roi Midas a des oreilles d'âne. [...] après, des roseaux poussèrent [...] et lorsque le vent les agitait, [...] murmurer : Midas, le roi Midas [...].

[...] une autre lutte musicale [...] Marsyas, habile joueur de flûte [...] avait été convenu que le vaincu se- [...] de son adversaire; le Dieu [...] de son avantage avec barbarie: [...] Marsyas fût écorché vif.

[...]ombreux enfants d'Apollon, nous

devons citer *Phaéton*, que son i[...] son malheur ont rendu célèbre. Vo[...] une preuve irrécusable de sa divin[...] jeune homme supplia son père [...] pendant un jour la direction du c[...] qui répandait la chaleur et la l[...] du jour eut la faiblesse de céder [...] tions du jeune ambitieux, qui s'[...] joie dans le char brillant du sol[...] somption fut cruellement puni[...] ne reconnaissant pas la main de [...] coutumé, s'emportent et entrain[...] de sa route; tantôt se perdant au [...] ils privent le monde de lumière, [...] chant trop de la terre ils menace[...] ser. Jupiter, irrité de ce désord[...] malheureux Phaéton, et le précip[...] dan (1). Ses sœurs, inconso[...] gées en peupliers, et son ami [...] tamorphosé en cygne.

Quand les poëtes considèrent [...] le Dieu de la poésie et des arts, i[...] sur le double sommet du mon[...] l'Hélicon (3) et le Pinde (4) lui é[...] sacrés, ainsi que les rives du [...]

---

(1) L'Éridan ou le Pô, le plus gran[...] prend sa source sur la pente du mont Vis[...] il arrose les villes de Saluces, Carignan[...] Plaisance, Crémone, Guastalla, et Ficcarol[...] driatique par deux branches principales, le P[...] Pô-di-Goro, et par sept autres branches plu[...]

(2) Aujourd'hui le mont *Liecoura*, dans l'[...]

(3) Aujourd'hui le mont *Zagora*, dans l'[...]

(4) L'un des monts *Gramnos* ou *Mezzovo*, [...] Thessalie.

(5) Fleuve qui prend sa source au pied d[...]

[...] Hippocrène. C'est dans ces beaux [...] d'un bois de lauriers, qu'on le [...], entouré des Muses, filles de Ju-[...] Mnémosyne, auxquelles il se plaisait [...] les sciences et les arts dans les-[...]

[...] étaient au nombre de neuf; voici [...] noms et leurs attributions (1) : [...] à l'astronomie. On la repré-[...] traits d'une jeune fille vêtue d'une [...] d'azur, couronnée d'étoiles, sou-[...] main un globe céleste, et de l'autre [...] au moyen de laquelle elle semble [...] signes tracés sur le globe.

---

[...] essor, Uranie à nos yeux
[...] et les secrets des cieux.

[...] divers Clio chantant la gloire,
[...] des conquérants illustre la mémoire.

[...] accordant sa lyre avec sa voix,
[...] en ses vers d'héroïques exploits.

[...] agréable employant l'artifice,
[...] badinant, sait démasquer le vice.

[...], avec pompe étalant ses douleurs,
[...] en nous forçant de répandre des pleurs.

[...] des amours célébrant les conquêtes,
[...] de myrte et préside à leurs fêtes.

[...] de la flûte animant les doux sons,
[...] innocents consacre ses chansons.

[...] a du geste enseigné le langage,
[...] s'exprimer des yeux et du visage.

[...], excitée au bruit des instruments,
[...] des pas légers de justes mouvements.

(DANCHET.)

CLIO, la muse de l'histoire, [illegible] laurier; elle tient une trompette [illegible] droite, et dans la gauche un livre [illegible] scrits tous les événements [illegible] grandes actions.

CALLIOPE présidait à l'éloquence [illegible] héroïque; on lui donnait un air [illegible] on la parait de guirlandes de fle[urs] [illegible] sœur Clio, elle portait une couro[nne] [illegible] un livre et une trompette.

THALIE, déesse de la coméd[ie] [illegible] jeune fille couronnée de lierre [illegible] brodequins, qui tenait d'une ma[in] [illegible] emblème de la comédie de [illegible] l'autre un bâton recourbé qui ra[ppelle] [illegible] die pastorale.

MELPOMÈNE préside à la tra[gédie] [illegible] est sérieux et sévère; elle es[t] [illegible] thurnes, et l'une de ses mains [illegible] et des couronnes, tandis que [illegible] poignard.

ERATO était la muse de la po[ésie] [illegible] la représente comme une [jeune] [illegible] couronnée de myrte et de ro[ses] [illegible] main une lyre et de l'autre un [illegible]

EUTERPE, déesse de la musiqu[e] [illegible] de fleurs; elle tient dans les m[ains] [illegible] musique, des flûtes, des hautb[ois] [illegible] instruments.

POLYMNIE préside à la rhétori[que] [illegible] de blanc pour marquer la pure[té] [illegible] couronnée de perles pour expri[mer] [illegible] et les figures qui doivent orner [illegible] main droite semble gesticuler, e[t] [illegible]

un sceptre, emblème de la puis-
ce la parole.

est la muse de la danse; on la re-
l'apparence de l'enjoûement et de
tenant entre ses mains une harpe
elle elle dirige ses pas en cadence.
ait aussi un rôle important dans la
; c'était un cheval ailé qui pais-
lon sacré habité par le Dieu des
Muses. Il servait de monture à
le prêtait quelquefois aux bons
était né du sang de Méduse;
coupa la tête à cette Gorgone,
merveilleux qui fit jaillir d'un
fontaine d'Hippocrène, dont les
vertu d'inspirer l'enthousiasme

des arts, Apollon se représente
d'un jeune homme sans barbe,
beau, couronné de laurier, et te-
à la main; quand on veut peindre
lumière, on le montre le front
auréole rayonnante, parcourant le
char d'or traîné par quatre che-

Qu'est-ce qu'Apollon? — Par quels évé-
nance est-elle remarquable? — Quel fut
exploit? — A quelle occasion fut-il banni du
arriva-t-il en Thessalie? — Où alla-t-il en-
quel art excellait-il, et quelles luttes firent
rité? — Pouvez-vous rapporter l'histoire
Où les poètes placent-ils la demeure du
et des arts? — Qu'était-ce que les Muses,
les attributions de chacune d'elles? —
vous savez de Pégase. — Comment représente-

## VI. — DIANE.

DIANE, sœur d'Apollon, fille de [...]
Latone, avait trois noms, com[...]
trois fonctions et trois séjours dis[...]
pelait HÉCATE dans les enfers, la [...]
PHOEBÉ au ciel, et Diane sur la terr[...]
que viennent les noms de *triple [...]
Déesse à trois formes*, de *triple D[...]
donnent souvent les poëtes.

(1) La Lune, satellite de la terre, est cinq[...]
tite que cette planète, dont elle est éloignée de[...]
dans sa moyenne distance. Elle a trois mouve[...]
par le premier, elle se meut en forme d'ellipse, a[...]
par le second, elle se meut sur elle-même; par le[...]
se meut autour du soleil avec la terre, qui f[...]
révolution annuelle.

nom de Diane, elle était considérée
éesse de la chasse, et elle habitait
ment les bois, accompagnée d'une troupe
nymphes qui la suivaient sans cesse. On la
re aussi comme la divinité de la pudeur,
exigeait si sévèrement l'observation des
décence, qu'un chasseur nommé *Actéon*
étré jusqu'à une fontaine dans les eaux
où elle prenait un bain, Diane offensée
morphosa en cerf, et il fut aussitôt
par ses propres chiens.

le de cette Déesse était très-honoré par
qui l'adoraient dans tous les endroits
chemins se rencontraient. Elle avait
multitude de temples, dont le plus
é à Éphèse (1), était regardé comme
merveilles du monde.

sente Diane en habits de chasse,
de brodequins, avec les cheveux noués
tête et un croissant sur le front; sa
un arc, et un carquois est attaché à
une meute de chiens la suit en
quelquefois aussi on la montre sur un
par des biches; cet animal lui était

ONS. Qu'est-ce que Diane, et quels sont les
qu'on lui donne? — Sous le nom de Diane,
ent ses fonctions sur la terre? — Quel culte lui
? — Comment la represente-t-on?

---

encore les ruines de la ville et du temple près
village turc nommé Ayasalouk, à quelques kilomètres, dans l'Asie-Mineure.

## VII. — BACCHUS.

BACCHUS, Dieu du vin, était fil[s]
de *Sémélé*, fille de *Cadmus*, roi d[e]
Junon, toujours outrée contre [...]
ra à Sémélé le désir de voir Jupiter [...]
de sa gloire. Après avoir longtem[ps]
maître du tonnerre se rendit à ses [...]
dents ; mais le spectacle de sa grand[eur]
vait être supporté par de simples [...]
foudre qu'il tenait en main mit le feu [...]
Sémélé, qui périt dans l'incendie. [...]
son fils, Jupiter le fit élever en cach[ette]
secours des *Hyades*, qu'il plaça depu[is]

…compenser (1). Le vieux *Silène*, … science et de gaieté, fut chargé de … jeune Dieu.

…u devenu grand, Bacchus se rendit … son courage, et fut considéré comme … des Dieux après Jupiter. Seul … habitants de l'Olympe il osa rester … père lorsque les géants escala… … sous la figure d'un lion, il … une héroïque valeur.

…t la conquête de l'Inde, qu'il … d'une armée composée d'hommes … armés seulement de thyrses (2), … de tambours. Il vint ensuite en … apprit aux hommes à cultiver la … l'art de faire le vin. Dans … il était suivi de Pan, de … satyres. On dit que les honneurs … le diadème et les ornements royaux … par lui.

…ait impérieusement les honneurs … souvent de la manière la plus … qui se refusaient au culte qui lui … roi de Thèbes, et *Lycurgue*, … ayant nié sa divinité, le premier … en sanglier et massacré par ses … le second tomba en proie à de … accès de fureur, qu'il se mutila … se coupa les jambes. Les *Minéides*

---

… *Hyades* ou *Pléiades*, assemblage des six étoiles … du Taureau céleste. Les anciens croyaient … coucher de cette constellation étaient toujours … pluie.

… de pampre, de raisin et de lierre, et terminé … pin.

ou filles de Minée, habiles ouvrières
laient dans l'art de faire de la tapi[illegible]
pas voulu interrompre leurs trava[illegible]
l'on célébrait les fêtes du Dieu d[illegible]
métamorphosées en chauves-souri[illegible]

Les cérémonies consacrées à B[illegible]
maient *Bacchanales* ou *Orgies*, e[illegible]
par toute espèce de débauches. L[illegible]
ou prêtresses du Dieu parcouraient le[illegible]
vêtues de peaux de tigres, tout é[illegible]
tant des thyrses, des torches et d[illegible]
et poussant des hurlements effro[illegible]
sacrifiait des ânes et des boucs.

Bacchus était encore adoré [illegible]
noms ; les Égyptiens le désign[illegible]
d'*Osiris*, les Indiens sous celui [illegible]
et les Romains lui avaient donné [illegible]
*Liber*.

Il épousa *Ariane*, fille de Min[illegible]
que Thésée avait abandonnée dan[illegible]
Cette princesse avait une cou[illegible]
Bacchus plaça dans le ciel, entre [illegible]
du Dragon et celle du Serpent.

On représente ordinairement [illegible]
les traits d'un jeune homme [illegible]
quefois on lui place des corne[illegible]
est couvert d'une peau de bouc[illegible]
main une coupe et un thyrse ; il [illegible]
un tonneau, ou dans un char tr[illegible]
panthères, des tigres et des lynx, [illegible]
la fureur et la brutalité que l'abu[illegible]
inspirer. La pie lui était consacrée.

*QUESTIONS.* Qu'est-ce que Bacchus[illegible] par[illegible]
ticularité sa naissance fut-elle marquée[illegible]
rapport devint-il célèbre dès sa jeunesse ?[illegible]

quérant ? — Comment ce Dieu punit-il
ment pas son culte ?—Comment célébrait-
— N'avait-il pas plusieurs noms ? — Quelle
 — Comment le représente-t-on ?

## VIII. — MERCURE.

fils de Jupiter et de *Maïa*, l'une
était le ministre et le messager
divinités, mais particulièrement de
C'était lui qui était chargé de con-
mes dans les enfers et de les en
On le considérait en outre comme le
loquence, des voyageurs, du com-
voleurs. Interprète et confident des
rigeait leurs intrigues, intervenait
traités de guerre et de paix, présidait

aux jeux et assemblées, et [illegible]
rangues publiques.

Dès sa jeunesse il donna des pr[illegible]
adresse au vol en dérobant le [illegible]
piter, le trident de Neptune, l'[illegible]
la ceinture de Vénus. Pour le [illegible]
l'exila sur la terre; mais Me[illegible]
encore à son penchant favori! [illegible]
parmi les hommes Apollon, pros[illegible]
qui gardait les troupeaux d'Adm[illegible]
sans qu'il s'en aperçût, ses armes [illegible]

Il vola même les troupeau[illegible]
Apollon, et alla les cacher [illegible]
voisine; ayant été vu par un [illegible]
*Battus*, il lui fit don d'une vache [illegible]
son silence. Cependant, [illegible]
crétion de son complice, il [illegible]
sous une autre forme; et [illegible]
avait aperçu les animaux [illegible]
deux vaches s'il lui en donn[illegible]
Battus ne put résister à une [illegible]
et dévoila le secret de la [illegible]
Mercure irrité le changea [illegible]

Apollon fut d'abord très-irrité [illegible]
dépouillé; mais l'inimitié ne [illegible]
entre les deux divinités déchu[illegible]
ne voulait que prouver son [illegible]
troupeaux à Apollon, et lui [illegible]
d'une lyre à neuf cordes qu'il [illegible]
de l'écaille d'une tortue. En [illegible]
donna à son frère une bagu[illegible]
puissance d'apaiser les dissen[illegible]
relles; Mercure ayant vu deux [illegible]
battaient voulut faire essai de son [illegible]
jeta entre eux sa baguette magique,

[illegible] le combat. Depuis ce moment on a [illegible] attribut à Mercure un *caducée*, c'est- [illegible] bâton orné de deux ailerons, et autour [illegible] s'enroulent deux serpents. C'est un sym- [illegible] paix et d'union.

[illegible] apprit aux hommes à faire des [illegible] et à se servir pour le commerce de [illegible] de mesures, ce qui le fit considérer [illegible] le patron des marchands. Il inventa [illegible] et les autres exercices gymnasti- [illegible] les athlètes l'invoquaient comme leur [illegible]

[illegible] lui qui, par l'ordre de Jupiter, trancha [illegible] attacha sur le Caucase Promé- [illegible] osé dérober le feu céleste, et [illegible] la prison où l'avaient enfermé [illegible]

[illegible] Mercure sous la figure d'un [illegible] qui semble courir ou planer dans [illegible] porte des ailes aux talons et à son [illegible] tient d'une main son caducée et une [illegible] l'autre. Quelquefois on figure des [illegible] qui, sortant de sa bouche, vont [illegible] oreilles de ceux qui l'écoutent, pour [illegible] pouvoir de l'éloquence (1).

[illegible] Qu'est-ce que Mercure, et quelles étaient [illegible] — A quels penchants se laissa-t-il entraîner [illegible] — En quelle circonstance changea-t-il un [illegible] touche? — Quels gages d'amitié échan- [illegible] Apollon? — Quels arts enseigna-t-il aux [illegible] Quelles missions principales accomplit-il par [illegible] — Comment le représente-t-on?

---

(1) [illegible] le nom de Mercure à une planète située à [illegible] du soleil, laquelle a un seizième de la [illegible] et qui opère sa rotation en 24 heures, et [illegible] jours.

## IX. — VÉNUS.

VÉNUS ou CYPRIS était la Déesse d[...]
Les poëtes ne sont pas d'accord [...]
suivant les uns, elle était fille du [...]
Terre ; suivant d'autres, elle doit le [...]
et à la nymphe Dionée ; la plupar[t...]
qu'elle fut formée de l'écume de l[a...]
les flots la déposèrent sur l'île de [...]
Les Heures (2) furent chargées du [...]

(1) Aujourd'hui Cérigo, l'une des îles Ion[...]
encore les ruines du temple magnifique élevé [...]
(2) Déesses, filles de Jupiter et de Thémis, qui [...]
saisons. Elles étaient trois, et on les représent[...]
portant des cadrans ou des horloges. Elles se nom[...]
mie , Dicé et Irène. C'était les portières du ciel [...]
na[i]ent soin du char et des chevaux-du soleil.

… après elles la conduisirent avec
… l'Olympe.

… la trouvèrent si belle, que chacun
… voulut l'épouser. Mais Jupiter la donna à
…, comme une récompense du service que
… lui avait rendu en forgeant les foudres
… rendu vainqueur des géants. Vénus,
… de sa laideur, ne l'accepta qu'avec
… Elle eût préféré Mars, le Dieu
… ou Bacchus, ou *Adonis*, jeune
… d'une grande beauté, qui fut tué par
…, et du sang duquel Vénus fit naître

… ont épuisé leur imagination pour
… Déesse sous les dehors les plus
… non contents de lui avoir prodigué
… charmes de la beauté la plus parfaite,
… qu'elle possédait une ceinture di-
… merveilleux qui ajoutait à ses attraits
… irrésistible.

… eut un grand nombre d'enfants; les
… sont *Cupidon*, l'*Hymen*, *Enée*,
… les *Ris* et les *Plaisirs*, qui, sous la
… petits génies ailés, suivaient partout
…, et faisaient l'ornement de sa cour.
… donna aussi le jour aux trois *Grâces*,
… Thalie et Euphrosine; ces divinités, qui
… à tous les arts de goût et d'agrément,
… qu'aux qualités aimables qui font le charme
… sociale, sont habituellement représen-
… la figure de trois jeunes filles dont les
… entrelacés.

… culte de Vénus était en honneur partout; on
… sacrifiait pas de victimes vivantes, mais
… étaient souvent l'occasion de honteux

excès. Ses temples les plus renommés [...]
ceux de Paphos, d'Amathonte, d'Idalie (1)
Gnide (2), de Cythère, et du mont [...]
Sicile.

On représente Vénus sous les traits [...]
femme d'une grande beauté, portant [...]
cheveux blonds une couronne de [...]
roses, et assise sur un char en forme [...]
marine, que traînent des colombes, [...]
ou des moineaux. La colombe et [...]
étaient consacrées (3).

QUESTIONS. Qu'est-ce que Vénus, et [...]
origine suivant la Fable ? — Comment [...]
de Vulcain ? — Quels avantages les poètes [...]
à Vénus ? — Quels furent ses enfants les [...]
Comment honorait-on son culte ? — Comment [...]
sente-t-on ?

---

(1) On trouve encore les ruines de ces [...]
Chypre, une des plus grandes et plus [...]
ranée, aujourd'hui presque déserte.

(2) Une des villes principales de la Doride, [...]
tale de l'Asie-Mineure; Vénus y avait plusieurs [...]
l'un desquels se trouvait la fameuse statue de [...]
chef-d'œuvre de Praxitèle.

(3) On a donné le nom de Vénus à une planète [...]
millions de kilomètres du soleil, ayant en [...]
dixièmes de la terre, et qui achève sa rotation [...]
minutes, et sa révolution en 24 jours et 17 heures [...]

## X. — VULCAIN.

..., fils de Jupiter et de Junon, était
... feu. Il vint au monde si laid et si
... que Jupiter, ne pouvant supporter sa
... précipita d'un coup de pied hors des
... célestes. Après avoir mis un jour
... parcourir l'espace qui sépare le ciel de
... Vulcain tomba dans l'île de Lemnos (1),
... habitants le recueillirent et l'élevè-
... chute il s'était cassé une jambe,
... toujours boiteux des suites de cet acci-

... se fit bientôt remarquer par son
... son industrie ; le premier il apprit aux
... forger le fer, et devint lui-même un
... ouvrier. Ce fut lui qui forgea les
... moyen desquels Jupiter put écraser
... et le père des Dieux l'en récompensa
... Vénus pour épouse.

... établi ses forges dans les îles de
... Lipari (2), et dans les cavernes du
... Ce fut dans ces ateliers souterrains
... divers métaux, rougis dans d'immenses
... furent pour la première fois façonnés

---

... d'hui Stalimène, petite île de l'Archipel, sous la
...

... de la Méditerranée, au nord de la Sicile, la plus
... volcanique, auquel elle a donné son nom ;
... Campo-Bianco est renommée pour les pierres
... fournit.

et polis. Vulcain était aidé dans ses travaux
les *Cyclopes*, ses ouvriers, géants d'une
prodigieuse qui n'avaient qu'un œil au milieu
front. Les plus célèbres de ces habiles forgerons
sont : *Polyphème* leur chef, *Brontès*, *Stérope*,
*Pyrachmon*, qui étaient chargés de fabriquer les
foudres.

La Fable a attribué à Vulcain tous les chefs
d'œuvre célèbres dans l'antiquité, tels que le
sceptre de Jupiter et celui d'Agamemnon; les
pantoufles d'aimant au moyen desquelles il
suspendit Junon dans les airs, après la révolte
des Dieux; les armes de Mars; le trident de
Neptune; le collier de Vénus; la ceinture de
Pandore; le bouclier d'Achille; l'urne de Pro-
née, etc.

On représente Vulcain sous les traits repous-
sants d'un petit homme contrefait, noirci par la
fumée de la forge, à la barbe longue et sale;
sa tête est couverte d'un bonnet, la jambe
nue, et il tient à la main des tenailles et un
marteau.

*QUESTIONS.* Qu'est-ce que Vulcain, et quels prodiges
signalèrent sa naissance ? — Par quels talents se fit-il remarquer ? — Où avait-il établi ses ateliers, et quels étaient
ses compagnons de travail ? — Quels ouvrages célèbres lui
attribue la Fable ? — Comment le représente-t-on ?

◦—◦—◦—◦—◦—◦—◦—◦—◦—◦—◦—◦—◦—◦—◦—◦

## XI. — NEPTUNE.

NEPTUNE, Dieu de la mer, était le deuxième
fils de Saturne et de Cybèle, et par consé-
quent le frère de Jupiter, avec qui il partagea
l'empire du monde.

... part à la conspiration des Dieux
... il fut exilé sur la terre avec
... réduit à travailler pour le roi Lao-
... venait de fonder Troie. Ce fut le
... qui fit élever les murailles de cette
... que les digues qui la défendaient
... invasions des eaux. Laomédon lui avait
... magnifiques récompenses ; mais lors-
... eut achevé cet immense travail,
... vainement son salaire, et le roi, renou-
... cesse ses frivoles promesses, différait
... de s'acquitter. Neptune, irrité de cette
... foi, souleva des orages et suscita des
... marins qui détruisirent tous ses ouvra-
... répandirent la désolation sur les rivages

... grâce auprès de Jupiter, il épousa
... fille de l'Océan ; cette nymphe
... abord une grande répugnance pour le
... eaux ; mais Neptune lui députa deux
... qui la trouvèrent au pied du mont Atlas,
... l'ayant persuadée par leur éloquence, la
... à son époux sur un char en forme
...

... *Cécrops* eut bâti Athènes (1), Neptune

---

(1) ..., capitale de l'Attique, est la plus célèbre des villes
... par la gloire du peuple qui l'habitait que par le
... et la beauté des monuments dont elle était ornée.
... de la mer de 4 kilom., elle communiquait avec le port
... un long espace enfermé de murailles ; elle avait
... ports de Munichie et de Phalère. Cette ville, autrefois
... et de la civilisation, montre encore aujourd'hui,
... ses ruines, les restes des monuments qui firent
... gloire. La ville actuelle, capitale du nouveau royaume
... qu'une partie de l'emplacement couvert par

et Minerve se disputèrent le droit de d[...] nom à cette ville. L'assemblée des Dieu[...] que cet honneur appartiendrait à cel[...] deux rivaux qui créerait l'objet le [...] genre humain. Minerve fit aussitôt [...] un olivier tout fleuri; d'un coup de [...] Neptune fit naître un cheval; ce fut lui [...] l'emporta.

Après avoir formé le cheval, Neptu[...] gna aux hommes l'art de dompter ce[...] de le dresser aux différents usages [...] peut être employé.

Aussi célébrait-on ses fêtes par de[...] chevaux et de chariots. Les jeux Is[...] rinthe et les *Consuales* à Rome lui [...] sacrés; on lui immolait le cheval et la [...] Le culte de Neptune était très-hono[...] Dieu était redoutable. Outre l'empire [...] sur les mers, les fleuves, les lac[...] eaux, on lui reconnaissait une grand[...] sur les îles, les presqu'îles, et les terr[...] sinent les rivages. C'est encore à l[...] tribuait les tremblements de terre.

Neptune eut un grand nombre d'enfa[...] lesquels on remarque les Tritons, do[...] lerons plus tard, et les Harpies, mon[...] qui portaient la famine partout où [...] et qui infectaient tout ce qu'ils to[...] Fable prétend qu'elles avaient une tête [...] des oreilles d'ours, le corps d'un [...] ailes de chauve-souris, et des griffes [...] aux mains. Les plus connues se nomm[...] *Ocypète* et *Céleno*.

On représente Neptune sous les traits [...] lard à longue barbe, ayant pour sceptre [...]

...ar les flots dans un char en forme de
...par des chevaux marins, et envi-
...tes les divinités des eaux.
...est représentée sur un char de
...et avec les mêmes attributs, moins

...Qu'est-ce que Neptune ? — Pourquoi fut-
... comment employa-t-il le temps de son
...son épouse ? — A quelle occasion eut-il
...Minerve, et quelle en fut l'issue ? —
...enseigna-t-il aux hommes ? — Comment
...fêtes, et quelle puissance lui attribuait-
...eut-il des enfants ? — Comment le repré-

ooooooooooooooooooooooooooooooooooooo

## XII. — PLUTON.

...Dieu des Enfers, était le troisième fils
...et de Cybèle, et le frère de Jupiter
...une.

La laideur de Pluton et l'horreur qu'in[illegible] le séjour des morts dont l'empire lui ét[ait] en partage, empêchèrent longtemps ce D[ieu de] trouver une compagne. Voyant ses vœu[x] poussés par les mortelles comme par les D[ieux,] il prit le parti d'enlever de vive force [PROSER]PINE, fille de Cérès ; il la surprit un jour qu'[elle était] avec ses compagnes à cueillir des [fleurs dans] les prairies d'Enna en Sicile, et l'en[leva,] malgré ses cris, sur un char d'ébène [; et,] ayant entr'ouvert la terre d'un coup de [son] sceptre, le farouche ravisseur disparut [avec sa] proie dans les profondeurs de son [ténébreux] royaume.

Proserpine s'attacha cependant à son [sort] et devint la reine des Enfers ; l'antiquité [honora] son culte en cette qualité. On lui donnait [le] nom d'Hécate ; le narcisse et le pavot lui [étaient] consacrés.

On représente Pluton avec une barbe [épaisse] et des traits durs et menaçants, assis sur un [trône] d'ébène ou sur un char traîné par des [chevaux] noirs. Sa couronne est noire, sa main droite tient un sceptre terminé par une fourche [à deux] pointes ; on lui met une clef dans la main. On ne lui éleva jamais aucun temple, [on ne] lui sacrifiait que des animaux noirs ; le cyprès était consacré.



*QUESTIONS.* Qu'était-ce que Pluton ? — Quel [moyen] employa-t-il pour se procurer une compagne ? — [Quelle] fut la suite de cette union ? — Comment représente-t-on Pluton ?

## XIII. — MINERVE.

MINERVE, Déesse de la sagesse et des arts,
naquit, dit-on, tout armée et âgée de vingt ans,
du cerveau de Jupiter. On la considère aussi
comme déesse de la guerre ; et alors elle prend
le nom de BELLONE ; on l'appelle aussi PALLAS,
du nom d'un des Titans qu'elle tua lorsque ces
fils de la Terre voulurent escalader le ciel.

On fait honneur à Minerve des plus ingénieuses
et plus utiles découvertes ; ce fut elle qui fit
connaître aux hommes l'écriture, la peinture,
l'usage des chiffres et du calcul, l'art de filer
la laine, de tisser et de broder les étoffes.

Elle se montrait même jalouse de sa supério-
rité dans les travaux à l'aiguille, car, ayant appris
qu'une jeune fille de la ville de Colophon nommée
Arachné se vantait de broder aussi habilement

qu'elle, la Déesse irritée déchira l'œuvre
rivale. Arachné, désespérée d'avoir reçu
affront, alla se pendre. Minerve, lui rend
vie ; mais elle la métamorphosa en araignée.

Minerve eut un différend célèbre avec
qui lui disputait l'honneur de donner
la ville que Cécrops venait de bâtir. La
de l'olivier assura l'avantage à la dé
nomma la ville Athènes, et depuis ce
l'olivier, symbole de la paix, lui fut con

On représente cette Déesse avec des
respirent une douce majesté ; son fron
vert d'un casque ; sa main droite tient u
sa main gauche s'appuie sur un bou
poitrine est protégée par l'*égide*,
cuirasse impénétrable formée de la p
chèvre Amalthée, et portant la tête
*duse* (1), qui avait le pouvoir de pétri
qui la regardaient. A ses pieds est une
son oiseau favori (2).

*QUESTIONS.* Qu'est-ce que Minerve,
noms lui donne-t-on ? — Par quelles
t-elle la reconnaissance des humains ? —
elle pas jalouse de ses talents ? — Quel
avec Neptune ? — Comment la représente

______

(1) L'une des trois Gorgones. ( Voyez plus l
Persée. )

(2) Pallas est aussi une planète qui se
de kilom. du soleil, laquelle opère sa révolution
jours.

## XIV. — MARS.

[Ja]louse de ce que Jupiter avait donné [à] Pallas en la tirant de son cerveau, [voulut de son] côté avoir un fils qui lui fût pro[pre... e]lle mit au monde Mars, qui fut le Dieu [de la guerre].

[Ce fut] ce Dieu qui le premier façonna en ar[mes me]urtrières le fer, qui jusqu'alors n'avait [qu'à] féconder le sein de la terre ; ce fut [lui qui] enseigna aux hommes l'art de [l'attaque] et de la défense, et qui soumit à des [règles] régulières la science de la guerre.

[Parcourant] l'Attique, il apprit que sa fille [était] accablée d'outrages par le cruel

*Hallirothius*, fils de Neptune. Enflamm[illegible] colère, il arracha la vie à ce lâche oppre[illegible] Poursuivi pour ce fait par Neptune deva[illegible] tribunal des Dieux, il plaida sa cause lui-m[illegible] et fut absous.

*Alectryon*, un des favoris de Mars, l'ay[illegible] laissé surprendre un jour qu'il était p[illegible] sentinelle, le Dieu le métamorphosa [illegible] depuis, cet animal lui fut consacré.

La nation belliqueuse des Romains vou[illegible] mettre sous la protection immédiate du D[illegible] batailles, et la Fable prétendait que [illegible] et Rémus étaient issus de l'union de [illegible] Rhea Silvia, fille de Numitor, roi d'Alb[illegible] le culte du fils de Junon était-il plus ho[illegible] Rome que partout ailleurs; Numa Pompi[illegible] consacra douze prêtres nommés *salien*[illegible] qu'ils célébraient leurs fêtes en saut[illegible] dansant; ils étaient chargés de veiller [illegible] servation des *anciles*, ou boucliers sacr[illegible] l'on disait être tombés du ciel, et auxqu[illegible] croyait que la destinée de l'empire ro[illegible] attachée.

On représente Mars avec des traits m[illegible] et armé de pied en cap; il tient une la[illegible] main et un bouclier de l'autre. Quelqu[illegible] le place sur un char traîné par deu[illegible] qu'il dirige lui-même, ou qui sont cond[illegible] sa sœur Bellone.

QUESTIONS. Comment Mars vint-il au [illegible] quelles étaient ses attributions? — Quel art [illegible] aux hommes? — A quel sujet fut-il traduit par [illegible] devant le tribunal des Dieux? — Comment puni[illegible] tryon de sa négligence? — Les Romains ne lui re[illegible] ils pas un culte particulier? — Comment le re[illegible] t-on?

## XV. — CÉRÈS.

**Cérès**, fille de Saturne et de Cybèle, est la déesse de l'agriculture et des moissons.

La disparition de Proserpine, que Pluton avait enlevée, la jeta dans un profond désespoir : elle alluma deux torches au feu du mont Etna, se mit à parcourir la terre, la nuit comme le jour, décidée à ne pas se reposer qu'elle n'eût découvert la destinée de sa fille.

En traversant l'Attique, elle s'arrêta chez Céléus, roi d'Éleusis. Pour récompenser ce prince de son hospitalité généreuse et empressée, elle rendit la santé à son jeune fils *Triptolème*, se chargea du soin de son éducation, et lui enseigna l'art de labourer, de semer, de récolter, et de faire le pain. Elle lui fit ensuite présent d'un char attelé de deux dragons, au moyen duquel il parcourut la terre en instruisant les hommes dans les secrets de l'agriculture. Plus tard, Triptolème

fonda dans sa patrie un temple et des [...]
l'honneur de la Déesse des moissons.

Enfin Cérès, qui avait vainement parc[...]
le monde entier, apprit de la nymphe *Aré[...]*
que Proserpine partageait le trône de Pl[...]
Elle alla aussitôt se jeter en pleurant au[...]
de Jupiter et lui redemander sa fille. Le [...]
de l'Olympe, touché de sa douleur, s'en[...]
à la lui faire rendre, pourvu qu'elle n'e[...]
aucun aliment depuis qu'elle habitait le [...]
royaume des morts. Mais *Ascalaphe* affir[...]
avait vu Proserpine cueillir une grenad[...]
les jardins de son époux et en manger sept [...]
Indignée de cette dénonciation, Cérès ch[...]
Ascalaphe en hibou. Cependant, pour con[...]
cette mère désolée, Jupiter ordonna que [...]
serpine passerait chaque année six mois [...]
elle, et six mois avec son époux.

On avait élevé en l'honneur de Cérès [...]
temples très célèbres; ses fêtes se c[...]
avec de grands mystères et un appareil [...]
ceux qui troublaient ces cérémonies [...]
vulguaient ce qu'ils en savaient étaient [...]
mort. On lui immolait des porcs.

On représente cette déesse entourée[...]
ments aratoires, quelquefois sur un ch[...]
par deux dragons, couronnée d'épis, [...]
faucille dans une main, et dans l'autre[...]
d'épis et de pavots (1).

*QUESTIONS.* Qu'était-ce que Cérès? — N'[...]
pas un violent chagrin au sujet de sa fille Pro[...]
Que lui arriva-t-il dans l'Attique? — Parvint-[...]
retrouver sa fille? — Quel culte lui rendait-on? [...]
ment la représentait-on?

_____

(1) On a nommé Cérès une planète qui est éloignée [...]
de 372 millions de kilom., et qui opère sa révolution en [...]
et 22 jours.

# DEUXIÈME PARTIE

## DIVINITÉS DU SECOND ORDRE

...ous des Dieux principaux ou du pre-
...re, dont le pouvoir était considéré
...upérieur, le paganisme reconnaissait
...eux et Déesses auxquels on attribuait
...té secondaire. Le nombre en était in-
...gination des poëtes en avait peuplé le
...re et les eaux. Chaque homme avait
...divinité particulière.

...que ces divinités inférieures en terres-
...tres, maritimes, domestiques, in-
...et allégoriques. Nous allons faire con-
...ccessivement les plus célèbres, car il
...possible de les indiquer toutes.

...S. La Fable ne reconnaissait-elle pas des
...rang inférieur aux Dieux suprêmes? — Com-
...-on ces divinités du second ordre?

---

# CHAPITRE PREMIER

## DIVINITÉS TERRESTRES.

### Thémis.

Thémis, fille du Ciel et de la Terre, mère de la Loi et de la Paix, était la Déesse de la justice.

On la représente tenant une balance d'une main et un glaive de l'autre ; elle a sur les yeux un bandeau qui indique qu'elle ne doit se laisser influencer par aucune considération étrangère aux affaires dans lesquelles elle est appelée à prononcer ; un lion est couché à ses pieds. Jupiter plaça ses balances dans le ciel, où elles sont l'un des signes du Zodiaque.

*QUESTIONS.* Qu'est-ce que Thémis ? — Comment la représente-t-on ?

### Plutus.

Plutus, fils de Cérès et de Jasion, était le Dieu des richesses. Il présidait aussi aux mines d'or et d'argent qui se trouvent dans les entrailles de la terre ; c'est pourquoi quelques-uns le confondent avec Pluton, bien qu'en réalité on le considère seulement comme le ministre de ce Dieu.

On prétend que dans sa jeunesse il ne distribuait ses dons qu'au mérite et au talent des gens sages et vertueux ; mais Jupiter l'ayant

...vé de la vue, il les accorde maintenant
...ment à celui qui les mérite comme
... en est indigne, au bon comme au
...

...nciens représentaient Plutus sous les
... d'un vieillard aveugle tenant une bourse
...main ; ils disaient qu'il était boiteux pour
... et qu'il avait des ailes pour s'enfuir, vou-
...primer par là que les richesses étaient
...ciles à dissiper que difficiles à acquérir.

*...STIONS.* Qu'était Plutus ? — Comment distri-
... ses faveurs ? — Sous quelle forme le représen-

### Momus.

...mus était le Dieu de la raillerie et du sar-
... Il ne faisait autre chose que de critiquer
... la plus grande liberté toutes les actions
...autres Dieux.
...eptune ayant créé le taureau, Momus trouva
...les cornes auraient dû être placées près des
... pour que leurs coups fussent mieux diri-
...Minerve avait construit une maison, Mo-
...mus trouva mal imaginée, en ce qu'on ne
...ait la transporter plus loin quand on avait
...mauvais voisin ; Vulcain lui présenta un
...me, et Momus s'écria qu'on aurait dû lui
...faire une petite fenêtre devant le cœur, pour
... la véritable pensée pût toujours être con-
...ne trouvant rien à reprendre dans la per-
...sonne de Vénus, il se moqua de sa chaussure ;
...si il trouvait toujours matière à exercer sa
...verve satirique.

On représente ce Dieu avec une figure
tenant d'une main une marotte, symbole
folie, et de l'autre un masque qu'il veut arracher.

*QUESTIONS.* Qu'était-ce que Momus ? —
cite-t-on pour faire connaître son caractère ? —
le représente-t-on ?

## Comus.

Comus présidait aux plaisirs de la table,
danses, aux réjouissances nocturnes,
rures et aux toilettes des jeunes gens.

On ne lui avait consacré ni temple,
on ne lui sacrifiait aucune victime ; mais
qui voulaient honorer son culte couraient,
dant la nuit de maison en maison,
déguisés.

Les peintres lui donnent une figure
enluminée ; il est coiffé d'un bonnet
orné de fleurs ; une de ses mains
flambeau renversé, tandis que l'autre
sur une longue pique.

*QUESTIONS.* Quelles étaient les fonctions de
— Comment honorait-on son culte ? — Comment
sentait-on ?

## CUPIDON.

Cupidon, fils de Vénus, était le Dieu des
tendres attachements. Le culte que l'on rendait
à sa mère lui était commun.

A peine était-il né, que Jupiter, prévoyant
les maux dont il serait la cause, ordonna

... ... périr ; mais celle-ci le cacha
... ... où il fut nourri du lait des bêtes
... ... premiers jouets de son enfance
... ... de frêne et des flèches de cyprès,
... ... il exerçait contre les animaux une
... ... devait plus tard être fatale aux
...

... Psyché à l'insu de sa mère. Lorsque
... instruite de cette union, elle fit
... Psyché à force de persécutions ; mais
... les instances de Cupidon, lui rendit
... lui donna l'immortalité.

... ... Cupidon sous la forme d'un
... les yeux couverts d'un bandeau et
... chargées d'un carquois plein de
... ... il tient un arc et de l'autre
... allumé.

... Qu'était-ce que Cupidon ? — Comment
... Quelle fut son épouse ? — Comment le re-

### HYMEN.

... Hyménée, fils de Vénus, présidait
... On le représente sous les traits
... ... homme blond, couronné de roses,
... un flambeau à la main.

... Qu'était-ce que l'Hymen ? — Comment
...

### AURORE.

... fille de Titan et de la Terre, pré-
... la naissance du jour.

Elle aurait voulu épouser *Céphale*, et l'e[...] dans cette intention; mais, ayant appr[is ...] était l'époux de Procris, fille du roi d'Ath[ènes,] elle le rendit à sa femme. Cette princess[e,] venue fort jalouse de son mari, alla un [jour] l'épier dans les bois où il chassait. Céph[ale l'a-] perçut, et, la prenant pour quelque a[nimal,] lui décocha une flèche. Il fut si dés[olé de cet] accident, qu'il se perça le cœur du mêm[e trait] qui avait donné la mort à Procris.

Aurore épousa *Tithon*, jeune pri[nce ...] par sa beauté, fils de Laomédon. Dans l'[...] de son attachement, elle obtint pour [...] ue mourrait pas; mais elle avait oubl[ié de de-] mander qu'il fût exempt des maux de [la vieil-] lesse; de sorte qu'ayant atteint un [âge] avancé, Tithon était en proie à des [...] des infirmités qui lui rendaient la vie in[suppor-] table. Il supplia alors Jupiter de la [lui ...] rir. Le Dieu eut pitié des souffrances d[e ...] et le métamorphosa en cigale.

On représente Aurore franchissant [...] char étincelant le seuil d'un palais de v[...] Elle porte des ailes, et une étoile brill[e au-des-] sus de sa tête; ses mains répandent [...] dans l'espace.

*QUESTIONS.* Qu'est-ce que l'Aurore ? — [Quelle in-] fluence exerça-t-elle sur le sort de Céph[ale ? — Quelles] furent les suites de son union avec Tithon ? — [Comment la] représente-t-on ?

# CHAPITRE DEUXIÈME

## DIVINITÉS CHAMPÊTRES

### PAN.

[Fi]ls de *Démogorgon* (1), Dieu des ber[gers et des] campagnes, figurait au premier rang [des] divinités champêtres.

[On dit qu']il naquit en Arcadie, où on lui [rendait un c]ulte particulier sur les monts Mé[nale]. Ce fut Evandre, roi d'Arcadie, [qui, banni de] sa patrie, où il avait tué son père [, apporta le culte de ce Dieu dans le [Latium.] Romulus créa en son honneur des fêtes [qu'il] nomma *Lupercales*; pendant qu'on [les célé]brait, les prêtres de Pan, couverts de [la peau des] boucs et des chèvres qu'ils avaient [immolés,] parcouraient les rues de Rome, ar[més de fouets] dont ils frappaient tous ceux qu'ils [rencont]raient.

[Ce] Dieu voulut épouser *Syrinx*, fille du [fleuve] Ladon; mais cette Naïade, pour se sous[traire à sa] poursuite, se changea en roseau. Les [soupirs] de Pan, pénétrant dans la cavité des

(1) [Divini]té sous le nom de laquelle les anciens adoraient la [nature.] Pan, en grec, veut dire *tout*; de sorte que, suivant [quelques] auteurs, le culte que l'on rendait à ce dieu s'adressait [à l'ense]mble de la création.

fragments de roseaux qu'il avait saisis [illegible]rent des sons doux et plaintifs ; et d[illegible] l'invention de la flûte rustique ou des p[illegible] que l'on attribue à Pan.

Plus tard il fut sur le point d'ép[illegible] nymphe *Pitys*; mais Borée, qui aspir[illegible] à sa main, jaloux de la préféren[illegible] son rival, enleva la malheureuse P[illegible] tourbillon de vent, et la précipita du [illegible] rocher élevé. Les Dieux, sensibles à [illegible] de Pan, transformèrent le corps de Pity[illegible] et c'est pourquoi cet arbre est consacré[illegible] des campagnes.

Pan était habile dans le métier [illegible] et c'est lui qui enseigna aux homme[illegible] ranger une armée en bataille. Ay[illegible] pagné Bacchus dans les Indes, il ava[illegible] part importante à ses combats e[illegible] phes. On dit qu'il savait inspirer au[illegible] nemies un secret effroi qui les [illegible] sans même que le combat fût eng[illegible] a-t-on nommé *terreurs paniques* [illegible] subites, ces frayeurs sans motif qu[illegible] quelquefois des armées. C'est à [illegible] que l'on attribuait la défaite des [illegible] rathon, et l'épouvante qui se mani[illegible] rangs des Gaulois au moment o[illegible] piller le temple de Delphes.

On représente Pan avec un visage [illegible] des cornes sur la tête, une barbe [illegible] et l'extrémité inférieure du corps [illegible] celle d'un bouc. Il tient à la main [illegible] chalumeaux, dont il est l'inventeur, et [illegible] fois une houlette ou une faucille.

Qu'était-ce que Pan ? — Où naquit-il , et
rendait-on ? — A quelle occasion inventa-
torale ? —Quel fut le sort de la nymphe Pitys
épouser ? — Ne se distingua-t-il pas dans l'art
— Comment Pan est-il représenté ?


## PALÈS.

était la divinité tutélaire des bergers,
et des troupeaux. Quelques au-
confondue avec Cybèle et Cérès.
année, à la fin d'avril, les Romains
en son honneur des fêtes nommées
cette occasion on faisait des libations
lait , on offrait à la déesse des gâ-
et l'on promenait les troupeaux
autel. Une autre partie essen-
cérémonie consistait à élever à des
égales un grand nombre de tas de
on mettait le feu, et par-dessus
les bergers sautaient en luttant d'adresse

représentée avec une couronne
et de romarin mêlée à ses cheveux,
ses mains un faisceau de paille.

QUESTIONS. Qu'était-ce que Palès?—Par quelles fêtes
l'honoraient-ils ? — Quels sont ses attri-


## FAUNE.

était un roi des aborigènes qui accueil-
favorablement Évandre en Italie. Il fut mis,
mort, au nombre des divinités cham-
considération des progrès qu'il avait

fait faire à l'agriculture. On lui bâtit des [illegible]
ples, qui devinrent fameux par les [illegible]
qu'il y rendait.

Sa femme Fauna, ayant imité ses vertus, [illegible]
aussi rangée parmi les Déesses, et les [illegible]
romaines l'honoraient sous le nom de *la [illegible]
Déesse*. Aucun homme n'était admis aux [illegible]
monies qui se célébraient dans son temple.

Faune, étant considéré comme le père [illegible]
type de cette nombreuse famille de Faunes,
Satyres et de Sylvains dont les poëtes [illegible]
peuplé les champs et les bois, était représenté
comme eux avec des cornes et des jambes [illegible]
bouc.

QUESTIONS. Qu'était-ce que Faune? — N'honorait-il
pas sa femme comme une Déesse?—Comment représente-t-
on Faune?

## SYLVAIN.

Sylvain, fils de Faune, était le Dieu des [illegible]
et des forêts.

A Rome, les hommes seuls pouvaient prendre
part au culte rendu à Sylvain; on lui [illegible]
du lait et un cochon.

C'est de son nom qu'on a nommé Sylvains
des divinités champêtres qui ne diffèrent en [illegible]
des Faunes.

On représente Sylvain sous la figure d'un Satyre tenant en main un jeune cyprès. Cet arbre
lui est consacré, soit parce qu'il le cultiva le
premier, soit à cause de la nymphe Cyprès [illegible]
qu'il devait épouser, et qui fut métamorphosée
en cyprès par Apollon.

[...] **Qu**'était-ce que Sylvain ? — En quoi le [...]ui rendait à Rome était-il remarquable ? — Ne [...] son nom à de nombreuses divinités ?— [...]igure le représente-t-on ?

## SATYRES.

[...] Satyres étaient des Dieux d'un ordre in-[...] en très-grand nombre, qui habitaient les [...] dont ils sont les divinités tutélaires.

[...] formaient le cortége ordinaire de Pan, [...] des campagnes, et de Bacchus. Les monu-[...] de l'antiquité les montrent aussi souvent [...] autour de Vénus et des Grâces.

[...] donne une figure railleuse, des cornes [...]mbes de bouc.

[...] le plus vieux d'entre eux, qui avait [...]cchus, est représenté avec beaucoup [...]point, un nez camard, des oreilles dé-[...]ées et un front chauve couronné de lierre ; [...] toujours ivre et a peine à se soutenir sur, [...] lui sert habituellement de monture.

[...]*TIONS*. Qu'étaient les Satyres ? — Quels Dieux [...]aient-ils ordinairement ? — Sous quelle forme [...]nte-t-on ? — A quoi peut-on reconnaître Silène ?

## FLORE.

[...]re n'était d'abord que la nymphe CHLORIS, [...]pousa Zéphire, et à qui ce Dieu donna, [...]on nouveau nom, un empire souverain [...] fleurs ; on la considérait aussi comme la [...] du printemps.

[...] prêtresses de cette Déesse célébraient ses

fêtes, nommées *Florales*, en courant le
jour et en dansant au son des trompettes, le
couronné de fleurs.

On orne la figure de cette Déesse de guirlandes, et on l'entoure de corbeilles rem-
de fleurs.

*QUESTIONS*. Qu'était-ce que Flore ? — Cômé-
brait-on ses fêtes ? — Avec quels ornements la repré-
t-on ?

### Vertumne et Pomone.

Vertumne était le Dieu de l'automne et des
vergers.

Il désirait vivement épouser Pomone, qui
était la Déesse des fruits ; mais cette Déesse
avait déjà refusé de s'unir à plusieurs dieux
champêtres, s'était enfermée dans une enceinte
qu'elle avait fait clore de murs, et ne s'occupait uniquement de la culture des arbres, et
Vertumne usa de la faculté qu'il avait de prendre
toutes les formes, et se présenta successivement, mais toujours inutilement, sous la figure
d'un laboureur, d'un moissonneur et d'un ven-
dangeur. Enfin il prit l'aspect d'une vieille
femme, et, après avoir, par ses discours, per-
suadé à Pomone de choisir un mari, il se présenta
sous sa forme véritable, et obtint la préférence.
Depuis ils devinrent les modèles des époux, et
on les représente ordinairement se tenant par
la main.

Vertumne est un jeune homme couronné
d'épis et de grappes de raisin, tenant dans ses
mains des fruits et une corne d'abondance.

porte une couronne de fruits ; elle
serpette à la main, et a près d'elle
illes remplies de fleurs et de fruits

TIONS. Qu'est-ce que Vertumne ? — Comment
Vertumne ? — Sous quels traits représente-t-on
— Et Pomone ?

NYMPHES CHAMPÊTRES.

DRYADES et les HAMADRYADES étaient des
présidaient aux bois et principale-
conservation des chênes.
étaient immortelles ; elles erraient
dans les forêts placées sous leur pro-
formaient des danses gracieuses au-
grands arbres.
Hamadryades naissaient et mouraient
chêne auquel elles étaient identifiées.
mutiler cet arbre sans les bles-
pouvait l'abattre sans les tuer, et
sévèrement ceux qui les atta-
Aussi les anciens ne coupaient-
qu'après en avoir éloigné les Ha-
par des cérémonies que les prêtres
faisaient.
avait encore les NAPÉES, qui étaient les
des bocages et des prairies ; et les
celles des montagnes.

TIONS. Qu'étaient les Dryades et les Hamadryas
étaient les attributions particulières des
— Et celles des Hamadryades ? — N'y avait-il pas
autres nymphes champêtres ?

## TERME.

Le Dieu Terme présidait aux limites champs et des héritages ; il était chargé de cher et de punir les empiétements et les pations.

Lorsque Tarquin le Superbe voulut con un temple à Jupiter sur le Capitole, il fit porter ailleurs tous les temples et les qui se trouvaient sur l'emplacement au nouvel édifice. Tous les Dieux cé place sans résistance au maître du Terme seul rendit vains tous les efforts qu fit pour le déplacer, et resta inébranlable qu'il occupait. Cette circonstance extra augmenta beaucoup la vénération que les mains avaient pour ses droits sacrés.

Le Dieu Terme était souvent figuré tuile, une pierre carrée, ou un simple bois. Quand on le représentait avec des humaines, on ne lui donnait ni bras ni afin qu'il ne pût ni reculer ni avancer.

QUESTIONS. Qu'est-ce que le Dieu Terme circonstance augmenta à Rome le respect qu'on lui — Sous quelle forme le représentait-on ?

# CHAPITRE TROISIÈME

## DIVINITÉS MARITIMES

### L'Océan.

L'Océan (1), fils du Ciel et de Vesta, était le [dieu] de la mer.

Il épousa TÉTHYS, déesse de la mer, et cette [union] donna naissance à un nombre considé[rable de] filles nommées nymphes, et aux [dieux] des fleuves, des rivières et des fon[taines].

On représente l'Océan sous les traits d'un [vieil]lard à longue barbe, assis sur les flots et [tenant] une pique à la main; auprès de lui on [voit] habituellement un monstre marin.

QUESTIONS. Qu'était-ce que l'Océan? — Quelle union [contracta-t-]il, et quels en furent les fruits? — Comment [le représe]nte-t-on?

_______________

(1) On nomme ainsi toute l'étendue d'eau qui environne la [terre]. On lui donne différents noms : 1º le grand Océan (mer du [Sud, mer] Pacifique), entre l'Amérique et l'Asie, se divise en [boréal], boréal et austral ; 2º l'océan Atlantique, entre l'Amé[rique à l'ouest], l'Europe et l'Afrique à l'est, prenant diverses déno[minations], suivant les pays qu'il baigne ; 3º l'océan des Indes, [entre] l'Asie au nord, l'Afrique à l'ouest, et la Nouvelle-Hollande

## TÉTHYS.

Téthys (1) fut l'épouse de l'Océan et la [...]
de toutes les nymphes Océanides.

On la représente ordinairement sur [...]
en forme de coquille traîné par [...]
entouré de Tritons; sa main droite [...]
sceptre d'or.

*QUESTIONS.* Qu'était-ce que Téthys ? — [...]
représentait-on ?

## NÉRÉE.

Nérée, fils de l'Océan et de Téthys [...]
dieu marin qui épousa Doris, [...]
quante filles qui furent les nymphes de [...]

Nérée était célèbre pour sa bonté [...]
et la connaissance parfaite qu'il avait [...]
nir. Lorsque Pâris traversait la mer [...]
sur son navire Hélène, qu'il venait d'[...]
Nérée lui apparut au milieu des flots [...]
prédit tous les maux que ce rapt [...]
sur les Troyens et sur la famille de [...]
fut encore Nérée qui instruisit Hercule [...]
contrée et de l'endroit où il trouverait [...]
mes merveilleuses du jardin des Hespé[...]

*QUESTIONS.* Qu'était-ce que Nérée ? — [...]
qualités fut-il surtout remarquable ?

---

(1) Il ne faut pas confondre Téthys, déesse des [...]
Thétis, fille de Nérée, et mère d'Achille.

## NÉRÉIDES.

Les **NÉRÉIDES** ou filles de Nérée étaient au [nombre] de cinquante; c'étaient les nymphes de [la mer.]

[Les plus] connues sont : *Calypso*, qui donna [l'hospitalité] à Ulysse dans son île d'Ogygie, et [Thétis qui] était d'une si grande beauté, que Ju[piter], Neptune et Apollon se disputèrent sa [main; mais] le Destin ayant déclaré que le fils [qui naîtrait d'elle] serait plus grand que son père, [ils se] retirèrent, et elle épousa Pélée, [roi de Phthiotide], en Thessalie, de qui elle eut [Achille.]

[On peint] les Néréides comme de jeunes filles [au sein des] flots sur des chevaux marins; [quelquefois] on les représente moitié femmes et [moitié poissons.]

[On] consacrait des autels et des bouquets [sur] le bord de la mer; les navigateurs [leur offraient] du lait, de l'huile et du miel.

[QUESTION]S. Qu'étaient les Néréides ?—Quelles sont les [plus connues] ? — Leur rendait-on un culte ? — Comment [les poètes] et les peintres les ont-ils représentées ?

## NAÏADES.

[Les] Naïades, filles de Jupiter, étaient les nym[phes qui] présidaient aux fleuves, aux rivières [et aux fontaines.]

[On] les peint sous les traits de jeunes femmes

appuyées sur une urne penchée d'où s'élan[...]
courant d'eau ; elles portent une couron[...]
roseaux, et de longs cheveux tombent sur [...]
épaules.

*QUESTIONS.* Qu'étaient les Naïades ? — C[...]
représente-t-on ?

## LES SIRÈNES.

Les Sirènes, filles du fleuve Achéloüs et [...]
muse Calliope, étaient des nymphes qui [...]
pagnaient Proserpine lorsqu'elle fut e[...]
les nomme *Leucosie*, *Ligie* et *Parth*[...]

Après avoir longtemps inutilement ch[...]
sur la terre et sur la mer la fille de C[...]
vinrent se fixer dans la mer de Sicile [...]
écueils au milieu desquels elles se p[...]
faire échouer les navigateurs en [...]
par la douceur de leur chant dans ces [...]
dangereux.

Ulysse trouva moyen d'échapper à l[...]
ductions en bouchant avec de la cire les o[...]
de ses compagnons, et en se faisant att[...]
même au mât de son vaisseau.

On les représente ordinairement avec [...]
de femme qui se termine en une queue d[...]
son ; mais il semble plus conforme aux tra[...]
mythologiques de leur donner des ailes [...]
pattes d'oiseau, car les Dieux leur avaie[...]
mis de voler autour de la mer à la rech[...]
leur compagne disparue. L'une d'elles t[...]
bituellement une lyre, la seconde des tam[...]
et la troisième deux flûtes.

QUESTIONS. — Qu'étaient les Sirènes ? — Où avaient-
elles leur séjour ? — Comment Ulysse échappa-t-il
à leurs séductions ? — Sous quelle forme les représente-

## ÉOLE.

Éole, fils de Jupiter, était le Dieu des vents,
qu'il tenait enchaînés dans les antres des îles
Éoliennes (1). S'il n'avait soin de les retenir
continuellement, leur violence indomptable cause-
rait d'horribles tempêtes et bouleverserait le
monde.

Les principaux vents qu'il tient sous ses ordres sont *Borée* ou le vent du nord, *Eurus*
ou le vent d'orient, *Auster* ou le vent du midi,
et *Zéphyr* ou le vent d'occident (2).

Lorsque Ulysse traversa les États d'Éole, ce
dieu lui fit don de quelques outres qui renfer-
maient des vents captifs ; les compagnons du roi
d'Ithaque ayant ouvert les outres par curiosité,
les vents qui s'élancèrent de leur prison causèrent un ouragan qui fit périr tous les vaisseaux.

On représente Éole avec un visage ridé et
sévère, des sourcils épais et pendants, des
yeux pleins d'un feu sombre et austère, gour-
mandant de sa voix menaçante les aquilons furieux qui s'agitent autour de lui. Il tient en main
un sceptre de fer.

---

(1) Aujourd'hui les sept îles Lipari ; ce groupe, remarquable surtout par ses volcans, dépend du royaume des Deux-
Siciles.

(2) Les anciens ne connaissaient que ces vents principaux,
les navigateurs modernes en distinguent trente-deux.

QUESTIONS. *QUESTIONS.* Qu'était-ce qu'Éole ? — [illegible] les principaux vents qu'il avait [illegible] fit-il pas un présent à Ulysse, et quelles [illegible] suites ? — Sous quels traits a-t-on coutume de [illegible] senter ?

## PROTÉE.

Protée, fils de l'Océan et de [illegible] chargé de garder dans les vastes [illegible] mer et sur ses rivages les troupeaux de [illegible]

Il avait reçu de ce Dieu la conn[illegible] faite de l'avenir. Mais, pour obten[illegible] révélation des événements futurs, on [illegible] de recourir à l'adresse et à la for[illegible] il fallait le saisir et l'enchaîner [illegible] sommeillait à l'ombre de quelque [illegible] même il cherchait encore à échapper [illegible] toute sorte de formes, en devenant [illegible]ment lion, tigre ou dragon, [illegible] flamme ardente, ou pierre ou ro[illegible] que lorsqu'il désespérait de lasser la [illegible] de ceux qui l'interrogeaient qu'il [illegible] leur dévoiler l'avenir.

*QUESTIONS.* Qu'était-ce que Protée ? — [illegible] connaissance de l'avenir, et comment pouvait-[illegible] la révélation ?

## GLAUCUS.

Glaucus était un pêcheur de Béotie. Il [illegible] remarqué que les poissons qu'il pêch[illegible] naient une nouvelle vigueur et se jet[illegible] mer lorsqu'il les posait sur une certaine [illegible]

[...] Il eut l'idée de goûter à cette herbe, [...] il se sentit entraîné involontairement [...] des flots. Là il fut accueilli par les di- [...] maritimes, qui l'admirent parmi elles. [...] devait épouser la nymphe *Scylla* ; [...] magicienne Circé, jalouse de leur bon- [...] empoisonna la fontaine où Scylla devait [...] baigner. Celle-ci, en sortant de l'eau, [...] formée en un monstre hideux. Elle [...] un si violent désespoir, qu'elle se [...] dans la mer, où elle fut changée en [...].

[...] présente Glaucus avec une longue barbe, [...] flottants sur les épaules, et un corps [...] en forme de poisson.

[...] Quelle est l'histoire de Glaucus ? — Ne [...] point d'épouser la nymphe Scylla ?—Com- [...]-t-on ?

### TRITONS.

[...] un fils de Neptune ; on a donné [...] nombreuses divinités maritimes qui [...] d'un homme terminé depuis la cein- [...] de poisson, et qui accompagnent [...]nuellement le char de Neptune, en faisant [...] les trompettes formées de conques ma- [...]

[QUES]TION. Qu'était-ce que Triton ?

---

[...] très-dangereux pour les navigateurs dans le dé- [...], sur la côte de la Calabre ; vis-à-vis se trouve [...] Charybde, près des côtes de la Sicile.

3

# CHAPITRE QUATRIÈME

## DIVINITÉS DOMESTIQUES

### LARES ET PÉNATES.

Les Lares et les Pénates étaient [...]
particulières à chaque État, à [chaque ...]
à chaque maison.

On en distinguait de publics [qui ...]
aux intérêts d'une ville, ou qui [...]
places publiques, aux chemins, [et de ...]
liers qui avaient sous leur surveil[lance ...]
diate les affaires intérieures de ch[aque ...]

Énée doit surtout sa célébrité au [...]
avec lequel il sauva les Pénates [du ...]
milieu de l'incendie qui dévorait [...]

A Rome, quand un enfant entrait [dans l'ado-]
lescence, c'est-à-dire à l'âge de [...]
il consacrait aux Lares la bulle ou [l'orne-]
ment en forme de cœur qu'il avait [alors ...]
lors suspendu à son cou. Des esclaves [...]
déposaient leurs chaînes au pied de le[urs ...]

On leur rendait un culte continuel [dans l'inté-]
rieur de chaque maison, et les gens [...]
construisaient chez eux de petites cha[pelles où]
l'on entretenait constamment une lampe [...]
décidait rien d'important sans les avo[ir consul-]
t[é]s. Aussi s'en prenait-on quelquefois [...]

...flictions qui venaient frapper les
... on les punissait en les privant de
...r ou en brisant leurs images, lors-
...protection s'était montrée inefficace.
...entait ces Dieux domestiques sous la
...statuettes faites de matières variées,
...quelles les personnes opulentes em-
...plus riches métaux. Elles étaient
...auprès du foyer ou derrière la

...donnait aussi quelquefois la figure
...les revêtait de la peau de cet
...pour indiquer leur dévouement et leur

... Qu'étaient les Lares et les Pénates? — N'en
...plusieurs espèces? — Comment Énée
...respect envers ces divinités? — Quel usage
...à leur égard? — Comment les hono-
...quelle figure les représentait-on?

## GÉNIES.

...étaient des divinités attachées à
...homme, qui le suivaient depuis sa nais-
...à sa mort, et qui présidaient à toute
...On reconnaissait aussi des Génies
...chaque peuple, à chaque pays.
...des Génies blancs et des Génies noirs:
...esprits bienfaiteurs, inspiraient
...toutes leurs bonnes résolutions et
...qu'au bien; les autres les pous-
...mal. Les hommes étaient donc bons
...suivant qu'ils obéissaient à leur bon
...mauvais Génie.

On représentait le bon Génie sous les [traits]
d'un jeune homme à la figure riante, tenant [une]
coupe d'une main, et de l'autre une corne [d'a-]
bondance. Le mauvais Génie, au contraire,
reconnaissait à son front chagrin, à son [air me-]
naçant, et au fouet dont il était armé.

*QUESTIONS.* Qu'étaient les Génies ? — [En avait-]
on plusieurs espèces ? — Comment les représentait-on ?

o-o-o-o-o-o-o-o-o-o-o-o-o-o-o-o-o-o-o-o-o-o-o

# CHAPITRE CINQUIÈME.

# LES ENFERS

## ET LES DIVINITÉS INFERNALES.

Nous avons parlé plus haut (*p. 45*) de Pluton, Dieu [des Enfers.]
Avant de faire connaître les autres Dieux infernaux, nous [allons par-]
courir les lieux qu'ils habitaient.

### LES ENFERS.

Les poëtes représentent les Enfers comme [un]
lieu souterrain où les âmes se rendaient [après]
la mort pour être jugées suivant leurs [œuvres.]

Les Enfers se divisaient en deux parties dis-
tinctes : les CHAMPS-ELYSÉES, lieux de délices
où régnait un printemps éternel, où les âmes
des hommes justes jouissaient d'un bonheur parfait ; et le TÉNARE ou TARTARE, où les [méchants]
enduraient la punition de leurs crimes.

roi de Crète, ÉAQUE, ancien
et RHADAMANTHE, ancien roi de Lycie,
les trois s'étaient fait remarquer par la
laquelle ils avaient gouverné leurs
étaient les juges devant lesquels Mer-
les âmes, et qui, après avoir
bonnes et leurs mauvaises actions,
sort qui leur était réservé dans

entouraient de leurs eaux pro-
royaume des morts : le STYX était le
de tous; il repassait neuf fois au-
les Dieux eux-mêmes avaient un
pour ce fleuve, que, lorsqu'ils avaient
ondes, ils ne pouvaient violer ce
s'exposer à perdre leur pouvoir
et à être chassés de l'Olympe.
était un fils du Soleil et de la Terre
été changé en fleuve pour avoir fourni
aux Titans lors de leur attaque contre
eaux étaient bourbeuses et amères.
entourait le Tartare, et n'était ali-
par les larmes des méchants.
ou fleuve d'oubli, coulait dans les
Élysées, et avait la vertu de faire oublier
ceux qui buvaient de ses eaux. Les
obligées d'en boire lorsque, après
mille ans dans les enfers, elles
habiter d'autres corps. Elles perdaient
la mémoire de leur première existence et
qu'elles avaient passé dans l'Enfer.
PHLÉGÉTHON roulait autour du Tartare des
flammées.
fils d'Érèbe et de la Nuit, était un
batelonier rude et grossier, qui, l'aviron

à la main, faisait traverser les fleuves [...]
aux ombres qui se présentaient sur [...]
Il ne recevait dans sa barque que [...]
avaient une pièce de monnaie. [...]
celles qui ne pouvaient payer ce [...]
pendant cent ans sur les bords d[...]
ou de l'Achéron. C'était par [...]
croyance que les peuples de l'an[...]
coutume de placer une obole dans la [...]
morts.

CERBÈRE était un chien monstr[...]
têtes, qui était chargé de garder l'e[...]
fer et du palais de Pluton. Il accueill[...]
les ombres qui entraient dans les [...]
il dévorait celles qui tentaient d'en [...]
même que les vivants qui voulaient [...]
Cependant Orphée l'endormit au son [...]
lorsqu'il alla chercher Eurydice dan[...]
empire de Pluton; Enée le soumit [...]
manière, au moyen d'un gâteau [...]
Sibylle; et Hercule l'enchaîna et [...]
quand il alla arracher Alceste des [...]

*QUESTIONS.* Comment les poëtes repr[...]
Enfers ? — Ne les divisait-on pas en plusieur[...]
Quels étaient les juges chargés de prononc[...]
ombres ? — Quels étaient les fleuves qui [...]
leurs eaux le royaume des morts ? — [...]
Caron ? — Et Cerbère ?


## LE TARTARE.


Le Tartare était un lieu d'horreur et de [...]
situé au fond des Enfers, entouré des on[...]
flammées du Phlégéthon et d'une triple [...]

où les mânes des hommes coupables
d'horribles tourments.

ou EUMÉNIDES, ministres de la
divine, étaient chargées de tourmen-
heureux habitants du Tartare, et leur
leur inspirait sans cesse de nouveaux
On les nommait *Alecton*, *Mégère* et *Ti-*
représentait coiffées de couleu-
en leurs mains des serpents et des
Tisiphone, armée d'un fouet,
cesse près des portes de diamant
et empêchait les condamnés d'en

était un des plus célèbres habitants
Ce prince, qui avait régné en Phry-
lydie, ayant reçu dans son palais les
voyageaient sur la terre, et voulant
leur divinité, leur avait servi dans un
membres de son fils Pélops qu'il avait
par morceaux. Pour le punir de cette
cruauté, Jupiter le condamna à souffrir
de la faim et de la soif, au milieu
qui peut exciter et satisfaire ces deux
Mercure le plongea jusqu'au menton
dont les eaux transparentes fuyaient
ses lèvres avides ; au-dessus de sa
arbres pliaient sous le poids de fruits
qui semblaient être à sa portée ; mais
se redressaient dès qu'il en appro-
main, et échappaient constamment aux
qu'il faisait pour les saisir.

fils d'Eole, qui avait désolé l'Attique
brigandages, et qui avait succombé sous
de Thésée, était obligé de rouler sans
jusqu'au sommet d'une montagne une

grosse pierre ronde qui retombait toujours, qu'il la remontât encore.

SALMONÉE, roi d'Élide, était si orgueilleux de sa puissance, qu'il voulut usurper les honneurs divins ; pour se rendre, autant qu'il le pouvait, égal à Jupiter, il avait fait construire, près de sa capitale un pont de métal, sur lequel il faisait rouler des chars dont le bruit ressemblait à celui du tonnerre. Le maître de la foudre, irrité d'une telle témérité, précipita cet audacieux dans le Tartare.

PHLÉGYAS, roi des Lapithes, ayant mis le feu à un temple d'Apollon, était enchaîné, dans les Enfers, sous un énorme rocher suspendu sur sa tête, et qui menaçait de l'écraser.

Les DANAÏDES étaient cinquante sœurs, filles d'un roi d'Argos, qui épousèrent le même jour leurs cinquante cousins, fils d'Égyptus. Danaüs, père des cinquante princesses, ayant appris par l'oracle que l'un de ses gendres le détrônerait, ordonna à ses filles d'égorger leurs maris dès le jour des noces. Une seule, Hypermnestre, conserva les jours de son époux, Lyncée ; les quarante-neuf autres furent condamnées à puiser continuellement de l'eau dans un tonneau percé, et leur travail ne devait cesser que lorsque ce tonneau serait rempli.

Le Tartare contenait un nombre immense de condamnés moins connus, parmi lesquels on peut encore citer les TITANS, qui étaient accablés sous le poids d'énormes montagnes au milieu de brasiers ardents ; le géant TITHYUS, qui couvrait neuf arpents de son corps et dont un vautour rongeait sans cesse le foie toujours renaissant, et bien

... avaient attaché avec des serpents
... qui tournait continuellement, etc.

**...ONS.** Qu'était-ce que le Tartare? — Quel rôle
...ient les Furies? — Qu'était Tantale? — Et Si-
... Salmonée? — Et Phlégyas? — Qu'étaient les
... — Le Tartare ne renfermait-il pas encore d'au-
...

# DIVINITÉS INFERNALES

## LES PARQUES.

...rques étaient trois sœurs nommées
...Lachésis et Atropos, qui formaient à
... le fil auquel était attachée la destinée
... mortel. Elles se servaient de laine
...pour filer une vie longue et heureuse,
...noire pour celle qui devait être courte
...ne. Clotho, la plus jeune, tenait la que-
...Lachésis tournait le fuseau; et Atropos,
...gée, mettait fin à la carrière des hommes
...pant le fil avec ses ciseaux.

## LA NUIT.

...Déesse des ténèbres, et fille du Chaos,
...Achéron et donna le jour aux Furies et
...divinités infernales. On la représente
...née de pavots, couverte de longs habits

de deuil parsemés d'étoiles, et [illegible]
char traîné par des chauves-souris.

### Le Sommeil.

Le Sommeil, fils de l'Érèbe et de [illegible]
frère de la Mort, a son palais dans un [illegible]
fond où n'a jamais pénétré un rayon de [illegible]
on n'y entend que le doux murmure [illegible]
d'oubli qui roule tout autour ses eaux [illegible]
Le seuil en est couvert de pavots ; dans [illegible]
tement le plus retiré, sur un lit [illegible]
par des rideaux noirs, le Dieu repose [illegible]
entouré des Songes, qui agitent sans b[illegible]
de lui leurs ailes de chauves-souris.

Morphée, son principal ministre, [illegible]
qu'aucun bruit ne trouble le silence [illegible]
dans ces lieux ; il est en outre char[illegible]
mir les hommes en les touchant a[illegible]
de pavot. C'est lui encore qui envoie [illegible]
visiter les mortels ; ceux qui apporten[illegible]
véritables sortent par une porte de cor[illegible]
qui ne sont chargés que de vaines illu[illegible]
sent par une porte d'ivoire.

### La Mort.

La Mort, fille du Sommeil et de la [illegible]
la plus implacable des divinités infern[illegible]
tenait à la porte du Tartare. On lui [illegible]
coq ; l'if et le cyprès lui étaient conac[illegible]
On la représente sous la forme d'u[illegible]
ailé et drapé d'une robe noire parsemée[illegible]
et tenant une faux et un sablier.

### LES MÂNES.

[Les] anciens nommaient ainsi les âmes des
[gens] qui étaient morts, et les divinités qui
[présidai]ent aux tombeaux. On leur portait un
[grand re]spect, et on les redoutait beaucoup;
[c'est pour]quoi on cherchait à les apaiser par
[des dons] et en leur sacrifiant des brebis
[Les an]ciens croyaient que le feu était très-
[agréable a]ux Dieux mânes ; c'est pourquoi ils
[avaient l'ha]bitude de placer des lampes sur les

[tombeaux.]

[D]. Qu'étaient les Parques? — Comment les
[représent]ait-ils la Nuit? — Le Sommeil? — Mor-
[t]? — Qu'étaient les Mânes?

∘–∘–∘–∘–∘–∘–∘–∘–∘–∘–∘–∘–∘–∘–∘–∘–∘–∘–∘

# CHAPITRE SIXIÈME

## DIVINITÉS ALLÉGORIQUES

### LE DESTIN.

[Le] Destin, fils du Chaos et de la Nuit, était
[aveug]le. Bien qu'il ne figurât pas parmi les prin-
[cipaux] Dieux, et que son culte fût peu honoré,
[son pou]voir était regardé comme supérieur
[à c]elui de Jupiter. Les arrêts qu'il avait une
[fois é]crits sur son livre étaient sans appel

On le représente tenant sous ses pie[ds] globe de la terre, et dans ses mains l'urne [qui] contient le sort des hommes.

*QUESTIONS.* Qu'est-ce que le Destin? — Comment représente-t-on?

## LA FORTUNE.

La Fortune, fille de Jupiter, avait le [pouvoir] de dispenser aux hommes le bien et le m[al], l'o[pulence et la misère, les souffrances et le[s joies].

Cette Déesse avait de nombreux et [fervents] adorateurs; on comptait à Rome quatr[e temples] élevés en son honneur. Elle en avait aus[si dans] plusieurs autres villes de l'Italie et de la G[rèce]; un des plus célèbres se trouvait à Antium [où] elle rendait des oracles.

On représente la Fortune aveugle ou avec [un] bandeau sur les yeux; elle est debout; un de [ses] pieds est en l'air, et l'autre pose sur [une roue] qui tourne avec rapidité; on lui attache quel[que]fois des ailes aux épaules ou aux jambes.

*QUESTIONS.* Qu'est-ce que la Fortune? — Était-[elle] l'objet d'un culte empressé? — Comment la représen[te]-t-on?

## LA RENOMMÉE.

La Renommée, fille de Titan et de la T[erre], avait mission de parcourir l'univers en pro[cla]mant en tous lieux les bruits qui circ[ulaient], sans distinction des bonnes ou des mau[vaises] nouvelles, de la vérité ou du mensonge. [Elle]

... yeux et cent bouches, ne devait
... ter ni jour ni nuit, et ne pouvait
... silence.

... présente la Renommée sous les traits
... femme ailée qui parcourt l'espace une
... à la main.

QUESTIONS. Qu'était-ce que la Renommée? — Com-
... ?

## LA PAIX.

... Paix est fille de Jupiter et de Thémis, et
... confond souvent avec *Astrée*, qui résida
... sous l'âge d'or, et qui, chassée enfin
... des hommes, alla habiter dans le
... du Zodiaque que l'on appelle le
... Vierge.

... avait dédié à Rome un temple magni-
... où Vespasien déposa les dépouilles du
... de Jérusalem.

... représente sous les traits d'une femme
... de laurier, tenant d'une main une
... de Plutus, une gerbe d'épis mêlée
... et de branches d'olivier.

QUESTIONS. Qu'est-ce que la Paix? — Où était-elle
... particulièrement? — Comment la représente-

## LA DISCORDE.

... Discorde, ou Éris, fut chassée du ciel par
... à cause des différends qu'elle ne cessait
... entre les Dieux. Ce fut alors qu'elle

descendit sur la terre, où elle [illegible]
querelles entre les particuliers et entre [illegible]
tions, qu'elle excite constamment aux [illegible]
sions et aux combats.

Furieuse de n'avoir pas été conviée [illegible]
autres Dieux aux noces de Thétis et [illegible]
elle s'en vengea en jetant sur la table [illegible]
d'or sur laquelle elle avait écrit : A [illegible]
Junon, Pallas et Vénus élevèrent des [illegible]
égales sur cette pomme, et le berger
chargé par Jupiter de prononcer [illegible]
trois Déesses, termina la querelle en [illegible]
Vénus, ce qui rendit Junon l'ennemi[e]
des Troyens.

On représente la Discorde avec des [illegible]
lieu de cheveux, un teint livide, des y[eux]
la bouche écumante, les mains ensanglan[tées]
les vêtements déchirés ; d'une main [elle tient une]
torche ardente, dans l'autre elle tient [une]
leuvre et un poignard.

QUESTIONS. Comment la Discorde [vint-elle]
habiter la terre ? — Par quel artifice troubla[-t-elle les]
noces de Thétis et de Pélée ? — Comment l[a représente-]
t-on ?

## L'Envie.

L'Envie, fille de la Nuit, est repré[sentée avec]
les traits les plus hideux, avec un tein[t livide]
des yeux hagards et enfoncés, un fro[nt ridé]
des joues creuses et une coiffure de cou[leuvres]
d'une main elle porte trois vipères, [de l'autre]
une hydre à sept têtes ; un serpent [illegible]
lui ronge le sein.

QUESTION. Comment représente-t-on l'Envie[?]

## La Vengeance.

La Vengeance, que l'on nommait Némésis et plus Adrastée, était regardée comme fille de la Justice et de la Nécessité. Elle était chargée de les crimes que les lois humaines ne pouvaient atteindre : la cruauté, l'orgueil, l'ingratitude, parjure, l'abus des richesses, etc. On la représente avec des ailes, pour indiquer que la punition suit de près le crime ; elle est armée de flambeaux et de serpents ; sa tête porte une couronne surmontée d'un bois de cerf.

*QUESTIONS.* Quels noms et quelles attributions donnait-on à la Vengeance ? — Comment la représente-t-on ?

## La Nécessité.

La Nécessité, fille de la Fortune, était considérée comme la plus puissante des divinités ; Jupiter lui-même obéissait à son pouvoir suprême. Elle avait à Corinthe un temple dans lequel les prêtresses seules avaient le droit de pénétrer.

On la représentait avec des mains de bronze, dans lesquelles elle tenait de longues chevilles et de grands coins.

*QUESTIONS.* Comment la Fable considérait-elle la Nécessité ? — En quoi était remarquable le culte qu'on lui rendait ? — Quels sont les attributs auxquels on peut la reconnaître ?

### Le Travail et la Paresse.

Le Travail et la Paresse avaient aussi leu[rs]
divinités allégoriques.

Le premier était représenté sous les [traits d'un]
jeune homme robuste et actif entouré [d'in-]
struments de diverses professions.

La seconde, fille du Sommeil et de la [nuit,]
avait été métamorphosée en tortue; le [lièvre]
lui était consacré.

*QUESTIONS.* Comment représentait-on le [Travail?] —
Que disait-on sur la Paresse?

### Le Silence.

Le Silence, nommé Harpocrate par les [Égyp-]
tiens et Sigalion par les Grecs, était [repré-]
senté sous les traits d'un jeune homme ou d'[une]
jeune femme tenant d'une main une corne, [et]
posant l'index de l'autre main sur ses lèvres. [On]
plaçait ordinairemeut sa statue à l'entrée [des]
temples, pour signifier qu'il fallait garder [le]
silence en signe de respect.

*QUESTIONS.* Quels traits distinctifs donnait-[on au]
Silence? — Où plaçait-on ordinairement sa statue?

### La Victoire.

La Victoire, ou Nicée, était la fille de la Déesse
Styx et du géant Pallas. On la peint sous l[es]

... jeune fille enjouée, avec des ailes,
... main une couronne d'olivier et de
... de l'autre une branche de palmier.
... représentait sur une proue de vaisseau
... voulait désigner une victoire navale.
... Athéniens ne lui donnaient pas d'ailes, de
... qu'elle ne s'en servît pour s'éloigner

...*TION.* Comment représentait-on la Victoire ou

### LA LIBERTÉ.

... Romains étaient les plus fervents adora-
... de cette divinité ; le père des Gracques fut
... qui lui éleva un temple sur le mont
...; depuis on lui en consacra d'autres, et
... érigea un grand nombre de statues.
... représentait la Liberté sous la figure d'une
... vêtue de blanc, tenant un sceptre et coif-
... bonnet phrygien (celui que l'on donnait
... en les affranchissant). Près d'elle
... un char avec un joug rompu. Le chat lui
... consacré.

...*QUESTIONS.* Quel peuple se montra particulièrement
... au culte de la Liberté ? — Comment les anciens
... représentaient-ils cette divinité ?

### L'OCCASION.

... Occasion présidait au moment le plus fa-
... pour réussir dans une entreprise.
... la représentait sous la figure d'un jeune

homme ou d'une jeune femme n'ayant de
veux que sur le devant de la tête et chau
derrière, un pied en l'air et l'autre sur une
tenant un rasoir d'une main et en
l'autre; quelquefois on la montrait con
se blesser sur le tranchant d'un

Tous ces attributs avaient pour but
que, si l'on ne saisit l'occasion au mom
picé et si l'on ne tranche aussitôt les diffi
elle se cache, et ne se laisse plus rattrap

*QUESTIONS.* Quels sont les attributs de l'Oc
Comment la représentait-on ? — Quel est la
blèmes dont on l'entoure ?

# TROISIÈME PARTIE

## LES DEMI-DIEUX ET LES HÉROS

Les Demi-Dieux étaient des héros issus d'un [dieu et] d'une mortelle, ou des hommes célèbres [dont les] exploits ou leurs vertus avaient acquis [l'honneur d']être mis au rang des Dieux.

[Il faut] regarder les récits qui les concernent [comme] l'histoire de quelques guerriers que leur [valeur] avait illustrés, ou de quelques princes qui [se sont] distingués par leurs talents au milieu de la [barbarie] générale. Ces traditions sont d'ailleurs [mêlées] de beaucoup de fictions, et l'on a souvent [attribué] à un seul homme des faits qui apparte-[naient] à plusieurs.

QUESTIONS. Qu'étaient-ce que les Demi-Dieux? — [Comment] doit-on considérer leur histoire?

-o-o-o-o-o-o-o-o-o-o-o-o-o-o-o-o-o-o-o-o-o-o-o-o-o-o-

## I. — PERSÉE.

PERSÉE occupe le premier rang parmi les
Dieux de la fable. Acrisius, roi d'Argos (1)
appris de l'oracle qu'il serait tué [...]
son petit-fils. Pour échapper à cette [...]
destinée, il fit enfermer Danaé, sa fille [...]
dans une tour d'airain ; mais Jupiter s'y [...]
duisit sous la forme d'une pluie d'or, [...]
donna naissance à Persée. Informé de [...]
nement, Acrisius fit jeter sur une frêle [...]
sa fille et son petit-fils, qu'il exposa [...]
des flots pendant une tempête : les vents
portèrent sur l'île de Séripho (2), où ils [...]
recueillis par Polydecte, roi de ce pays.

Devenu grand, le jeune héros signala [...]
leur par de brillants exploits ; sa réputation [...]
tarda même pas à donner de l'ombrage [...]
decte, qui, pour se défaire de ce jeune [...]
l'engagea à aller combattre les Gorgones [...]
désolaient au loin les campagnes. C'[...]
trois sœurs, filles de Phorcus, nommées [...]
*Euryale* et *Sthéno*. Ces monstres, coiffés [...]
couleuvres et portés sur de grandes ailes [...]
més de griffes de lion et de défenses de [...]
n'avaient qu'un œil, dont ils se servaient [...]
à tour pour pétrifier tous ceux qu'ils [...]
daient. Persée n'hésita pas à aller se [...]
contre ces ennemis redoutables, et le[...]

---

(1) Ville de Grèce, dans la Morée, au fond du golfe de [...]
remarquable par les antiquités qu'elle renferme.
(2) Séripho, île de la Grèce, l'une des Cyclades.

[...] dans sa courageuse entreprise. [...] donna son bouclier, Pluton lui fit [...] casque qui avait la vertu de rendre [...] et Vulcain l'arma d'une épée au tran- [...] laquelle rien ne pouvait résister. Ainsi [...] Persée se rendit dans les îles Gorgades, [...] Gorgones faisaient leur séjour, et, pro- [...] ment où Méduse était endormie, il [...] la tête d'un seul coup. Cette tête, [...] le bouclier du héros, conserva son [...] et changeait en pierre tous ceux vers [...] dirigeait.

[...] de cette expédition, Persée s'ar- [...] la Mauritanie ; ayant été mal accueilli [...] formidable qui régnait dans ce [...] présenta la tête de Méduse, et le [...] fut changé en une montagne [...] le sommet se perd dans les nuages, [...] dire aux poëtes qu'Atlas (1) supportait [...] ses épaules.

[...] exploit vint mettre le comble à sa [...] Cassiope, épouse de Céphée, roi [...] ayant eu la témérité de se dire plus [...] Junon et que les Néréides, avait vu [...] marin désoler les rivages de son [...] L'oracle consulté avait répondu qu'il [...] qu'un moyen de calmer le courroux des [...] était de livrer au monstre *Andromède*, [...] Cassiope ; cette jeune fille fut en consé- [...] enchaînée à un rocher qui s'élevait au [...] de la mer ; mais Persée résolut de la

_______________

(1) [...] nomme Atlas une chaîne de hautes montagnes en [...] qui s'étendent de l'est à l'ouest le long de la Médi- [...] et qui s'élèvent à 4,180 mètres au-dessus du niveau

sauver. Monté sur Pégase, cheval [illegible] de Méduse, il fondit sur le monstre [illegible] où celui-ci allait saisir sa proie, et [illegible] la mort. Pour prix de son courage il épou[illegible] qu'il avait délivrée ; cependant Phinée, [illegible] été fiancé à Andromède, vint avec [illegible] gnons troubler la fête du mariage [illegible] les armes à la main celle qui lui [illegible] mise. Persée allait succomber sous le [illegible] lorsque, découvrant tout à coup la [illegible] Gorgone, il pétrifia tous ses adversaires.

Il alla ensuite rendre la liberté à [illegible] Polydecte retenait captive. Enfin [illegible] phant dans sa patrie, où Acrisius [illegible] quand, en s'exerçant au jeu du palet, il [illegible] involontairement la mort à son aïeul, [illegible] connaissait pas, et qui venait à sa [illegible] Ainsi s'accomplit l'arrêt du destin. [illegible] tellement désolé de cet accident, qu'il [illegible] damna de nouveau à l'exil ; Jupiter, [illegible] sa douleur, le plaça dans le ciel avec [illegible] Andromède au nombre des constellations.

*QUESTIONS.* Quels incidents signalèrent [illegible] de Persée ? — De quels monstres délivra-t-il [illegible] Que raconte-t-on de son séjour en Maurita[illegible] ment délivra-t-il Andromède ? — Que lui arriv[illegible] retour dans sa patrie ?

—o—o—o—o—o—o—o—o—o—o—o—o—o—o—o—o—o—

## II. — BELLÉROPHON.

BELLÉROPHON, fils de Glaucus, roi d'É[illegible]

---

(1) Province de l'ancienne Grèce, comprise aujourd[illegible] la basse Albanie.

...occident son frère Pirène à la
...obligé de s'expatrier, et se réfugia
...roi d'Argos. La femme de ce dernier,
...Sthénobée, accusa Bellérophon de
...aginaires, et demanda sa mort à son
...ci, ne voulant pas violer les lois de
...envoya Bellérophon en Lycie avec
...adressées à Iobates, père de Sthéno-
...bée, qui étaient censées contenir des
...tions en faveur de Bellérophon,
...au contraire déterminer Iobates à le
...(1).

...qui d'abord avait accueilli généreu-
...rophon, ne voulut pas, lorsqu'il eut
...ance de la lettre de son gendre, faire
...ôter violemment; il se contenta de
...plus grands dangers. Mais le jeune
...triomphant des expéditions les plus
...es; c'est ainsi qu'il soumit successive-
...Solymes et les Amazones.

...ant plus d'ennemis à lui opposer, le roi
...envoya Bellérophon combattre la
...qui désolait le pays. Ce monstre pas-
...invincible; il avait la tête d'un lion,
...d'une chèvre et la queue d'un dragon;
...et ses narines vomissaient des torrents
...mes et de fumée. Bellérophon, secondé
...Minerve et monté sur le cheval Pégase, que
...voyèrent les Dieux, n'hésita pas à attaquer
...mère et la tua.

...armé par tant de hauts faits, Iobates montra
...rophon les lettres que Prœtus lui avait

---



(1) C'est de là que l'on a nommé *Lettres de Bellérophon* celles
...nuisibles à celui qui les porte.

écrites ; le héros démontra son innocence [...]
roi, après lui avoir donné sa fille en [...]
le retint dans ses États, le combla d'honneurs [...]
le désigna pour lui succéder au trône.

*QUESTIONS.* Quel était Bellérophon, et [...]
t-il à la cour du roi d'Argos ? — Comment fut-il [...]
chez Iobates ? — De quel monstre fut-il vainqueur [...]
ment se terminèrent ses aventures ?

<hr>

## III. — HERCULE.

HERCULE, fils de Jupiter et d'Alcmène [...]
à Thèbes. Junon, jalouse de sa mère, [...]
lui tous les traits de sa vengeance. [...]
était encore au berceau, elle envoya deux [...]
pents pour le dévorer ; mais Hercule les [...]
les étouffa de ses mains enfantines.

L'intrépidité précoce du jeune [...]
bla toucher Junon, qui s'adoucit envers [...]
jusqu'au point de le nourrir de son lait ; [...]
ques gouttes de ce lait divin, tombées [...]
bouche de l'enfant, formèrent cette [...]
traînée blanche que l'on remarque dans le [...]
et que l'on a nommée *la voie lactée*.

Cependant Junon revint bientôt [...]
miers sentiments de haine à l'égard d'[...]
elle l'obligea à se soumettre aux ordres [...]
frère Eurysthée, qui régnait à Mycènes [...]
qui lui imposa un grand nombre d'entrep[...]

---

(1) Ville d'Argolide fondée par Persée, et capitale [...]
d'Agamemnon. Ses ruines, que l'on voit auprès du [...]
village de Karvathy, sont extrêmement curieuses ; on y [...]

que dangereuses, dans lesquelles
voir périr. Ce sont ces exploits que
les Travaux d'Hercule ; on en
douze principaux.

Il y avait dans la forêt de Némée, en
un lion d'une grandeur énorme,
disait-on, de la lune, et que l'on avait
tenté de détruire par le fer et par le
après avoir épuisé ses flèches sur
impénétrable, après avoir brisé sa mas-
tête, l'étouffa dans ses bras. Depuis
toujours la peau de ce lion comme un
de sa première victoire.

hydre épouvantable infestait les marais
ce serpent monstrueux avait sept
à mesure que l'on en coupait une il en
autres à la place. Le héros n'en
à bout qu'en portant un feu ardent
plaie que laissait chaque tête qu'il abat-
tait.

Il poursuivit à la course pendant une année
une biche à pieds d'airain et à cornes
habitait le mont Ménale en Arcadie,
l'avoir prise au piége, il l'amena vi-
vante à Mycènes.

Eurysthée lui ayant commandé d'aller com-
le sanglier d'Érymanthe, qui désolait l'Ar-
Hercule l'amena vivant et garrotté à son

cement de l'ancienne ville et les murailles de la citadelle.
d'Argos par laquelle le roi des rois sortit lors de son
pour Troie, existe encore ; on y voit des sculptures que
regardent comme le plus ancien monument de
l'Europe.
septentrionale du Péloponèse.
Marais situé à quelques kilomètres au sud d'Argos.

3*

frère, qui fut si fort effrayé à cette vue, qu'il rut se cacher.

5° Augias, roi de l'Élide, dans le Péloponèse, avait un troupeau de trois mille vaches, dont les étables n'avaient pas été nettoyées depuis [illegible] ans. Hercule, s'étant chargé de détruire [illegible] d'infection, détourna les eaux du [illegible] phée (1) et les fit passer dans les [illegible] furent ainsi promptement purifiées. Une [illegible] travail achevé, Augias voulut frustrer [illegible] du salaire convenu; mais celui-ci le [illegible] régner à sa place Philée, son fils, qui [illegible] montré indigné de l'injustice de son père.

6° Le lac Stymphale en Arcadie [illegible] de harpies ou d'oiseaux monstrueux, [illegible] raient les hommes de leurs ongles [illegible] de leurs bras de fer, et dont les ailes [illegible] interceptaient la lumière du soleil. Hercule les effrayant du bruit d'un tambour d'airain fit sortir des forêts où ils cherchaient un [illegible] et les perça de ses flèches.

7° Neptune, irrité contre Minos, avait envoyé dans l'île de Crète un taureau furieux qui jetait des flammes par les narines, et qui [illegible] lait le pays. Le fils d'Alcmène le dompta et le mena enchaîné aux pieds d'Eurysthée.

8° Diomède, roi de Thrace (2), avait [illegible] vales qu'il nourrissait de chair humaine; [illegible] qué par Hercule, il fut vaincu et devint à son tour la pâture de ses propres cavales.

9° Hercule reçut de son frère la [illegible]

---

(1) Aujourd'hui le Ruphia, dans l'Élide.
(2) Grande contrée qui s'étendait depuis la Macédoine à l'ouest, jusqu'à la mer Noire.

...tre les Amazones, qui habitaient ...fleuve de Thermodon en Cappadoce. ...gné de son ami Thésée, il tailla en ...tte tribu de femmes guerrières, et em-...mena leur reine Hippolyte.

...Géryon, géant à trois corps qui régnait ...les Baléares (1), nourrissait ses troupeaux ...de la chair des étrangers qui abordaient ...chez lui. Il fut vaincu par le héros, qui ...de ses riches troupeaux, bien qu'ils ...gardés par un chien à sept têtes.

...Passant ensuite en Afrique, il alla dé-...ber ses pommes d'or le jardin des Hes-...pérides, avoir tué de ses flèches le redou-...table chargé de le garder. Il eut Atlas ...compagnon dans cette entreprise, et pen-...dant que celui-ci cueillait les pommes, Hercule, ...à sa place, soutenait le ciel sur ses ...

...Enfin il descendit au Tartare, parvint à ...enchaîner Cerbère, le terrible gardien de ces ...sombres demeures, et l'entraîna hors des enfers. ...Après être heureusement sorti de ces terribles ...lieux, Hercule se mit à parcourir la terre ...pour exterminer les monstres et les tyrans qui ...la désolaient. C'est ainsi qu'en Égypte il poi-...gnarda Busiris, roi de ce pays, qui immolait ...à ses dieux tous ceux qui abordaient dans ses ...états. Il délivra l'Italie de Cacus, brigand fa-...meux qui habitait les bords du Tibre, aux lieux ...où Rome fut fondée depuis. Ce voleur

---

(1) Groupe d'îles dans la Méditerranée, comprenant Ma-...jorque (capitale Palma), Minorque, Formentera, Iviça et ...Cabrera, appartenant aujourd'hui à l'Espagne.

avait dérobé les génisses qui appar[illegible]
Hercule, et les avait fait entrer à recul[illegible]
sa caverne, pour que leurs traces ne [illegible]
sent pas; mais Hercule, les ayant enten[illegible]
brisa le rocher sous lequel Cacus [illegible]
l'étrangla, malgré les flammes que ce [illegible]
vomissait. En Libye il rencontra A[illegible]
la Terre, géant énorme, qui étouff[illegible]
poids de son corps tous les étrangers qu[illegible]
à lutter avec lui : Hercule le renversa [illegible]
fois; mais, s'apercevant que son adver[illegible]
couvrait de nouvelles forces à chaque [illegible]
touchait la terre, il l'enleva dans ses [illegible]
reux, et l'étouffa en le tenant élevé en l'a[illegible]

Ce fut encore Hercule qui, parvenu [illegible]
trémités de l'Espagne, réunit l'Océan à [illegible]
terranée en ouvrant le détroit de Gib[illegible]
croyant arrivé aux bornes du monde, [illegible]
ses célèbres colonnes, l'une située en [illegible]
sur le mont Calpé (1), et l'autre en A[illegible]
le mont Abyla, et y inscrivit ces mots [illegible]
*ultrà* (on ne peut aller plus loin); ce [illegible]
monument était destiné à perpétuer la [illegible]
de ses voyages et de ses hauts faits[illegible]

Ce héros invincible paya pourtant [illegible]
aux faiblesses humaines : Omphale, [illegible]
Lydie, sut tellement amollir son cou[illegible]
l'on vit à ses pieds le vainqueur de [illegible]
armé d'une quenouille, filer parmi ses [illegible]
tandis que cette femme artificieuse se [illegible]
de la peau du lion de Némée et s'a[illegible]
l'énorme massue du fils d'Alcmène. Cepe[illegible]

---

(1) Aujourd'hui Gibraltar, montagne d'Andalousie [illegible]
nant aux Anglais, et dont ils ont fait une des places [illegible]
fortes du monde.

de cette humiliante servitude, et
...ire, fille du roi de Calydon, après
... le fleuve Achéloüs (1), qui voulait
...puter.

...il se rendait dans sa patrie, emme-
... lui sa jeune épouse, il fut arrêté par
...vo Évène, dont les eaux étaient débordées ;
...Nessus s'offrit à faire passer le fleuve
... en la prenant sur sa croupe, mais il
...it de l'enlever. Hercule, s'en étant
...contre le traître une flèche plon-
... le sang de l'hydre de Lerne, dont la
... mortelle. Nessus, en expirant,
... vengeance : il fit don à Déjanire de
...teintée, en lui assurant que ce
...le don de lui conserver à jamais
...mari, si celui-ci s'en couvrait.
...après, Déjanire, craignant que son
...oubliât, lui envoya ce don fatal, tandis
...occupé à célébrer un sacrifice sur le
...À peine Hercule eut-il revêtu cette tu-
...poisonnée, qu'il fut embrasé d'un feu
...qui le rendit furieux ; sentant qu'il ne
...se soustraire à la mort qu'il portait dans
...Hercule se précipita sur le bûcher qu'il
...levé de ses mains, et ordonna à son ami
...té d'y mettre le feu. Jupiter le reçut dans
...nombre des Dieux, et lui donna pour
...Hébé, Déesse de la jeunesse.

...TIONS. Qu'était Hercule, et quels ennemis eut-il
...dès sa naissance ? — Quelle circonstance fut
...la voie lactée ? — Comment Hercule se trouva-
...de tenter les entreprises difficiles que l'on a

---

...fleuve coulait entre l'Épire et l'Étolie.

nommées ses douze travaux? — Pouvez-vous [illegible]
rents exploits? — Hercule ne rendit-il pas [illegible]
services à l'humanité? — Où Hercule [illegible]
voyages? — Quels actes de faiblesse lui [illegible]
Comment mourut-il?

—o—o—o—o—o—o—o—o—o—o—o—o—o—o—o—o—o—o—o—

## IV. — THÉSÉE.

THÉSÉE, fils d'Égée, roi d'Athènes [illegible]
sur les traces d'Hercule, dont il fut le [illegible]
et l'ami.

Son premier exploit fut sa lutte [illegible]
phètes, géant d'Épidaure qui se [illegible]
chair humaine; Thésée porta toujours [illegible]
trophée de sa première victoire la [illegible]
avec laquelle ce brigand assommait les [illegible]
Le héros tua ensuite le taureau qu'Her[cule]
dompté dans l'île de Crète, et [illegible]
avait relâché dans l'Attique; il [illegible]
d'un sanglier terrible que la vengeance [illegible]
avait envoyé dans ce pays, et qui [illegible]
meure aux environs de Calydon; [illegible]
compagna Hercule dans sa campagne [illegible]
Amazones, et épousa leur reine, [illegible]
polyte, qui lui donna un fils.

Ce qui mit le comble à la gloire de [illegible]
ce fut la destruction du Minotaure, [illegible]
monstre moitié homme et moitié taureau [illegible]
vainqueur des Athéniens, voulant v[illegible]
eux la mort de son fils Androgée (1), [illegible]

---

(1) Les Athéniens et les Mégariens avaient ma[illegible]
gée, par suite de la jalousie qu'il leur avait inspirée [illegible]
tant la victoire dans les jeux du cirque.

l'obligation de lui livrer chaque année [sept] garçons et autant de jeunes filles qui [seraient] la proie du Minotaure. Thésée, vou[lant affra]nchir sa patrie de ce honteux tribut, [résolut de] combattre le monstre. Sa bravoure et [sa beauté] touchèrent les filles de Minos, Phèdre [et Ariane; cette] dernière lui donna des conseils [sur la manière] d'attaquer son redoutable enne[mi; elle lui remit] un peloton de fil qui devait [l'empêcher de] s'égarer dans le labyrinthe où le [monstre était] renfermé. Ce labyrinthe, con[struit par] Dédale (1), était un immense enclos [de... bosquets] de bois, de bâtiments et de [... inextricables] qui se croisaient tellement [... tous les sens], qu'il était impossible de re[trouver le] chemin pour en sortir, quand une [fois on était] entré. Grâce aux instructions [reçues,] Thésée sortit vainqueur de sa lutte [avec le monstre], et ramena en triomphe ses [compagnons] dans leur patrie.

---

(1) [Dédale était] un habile architecte athénien, qui fut lui-même [enfermé dans] le labyrinthe qu'il avait construit. Minos voulut [le punir] de ce que, de concert avec Ariane, il avait favo[risé Thésée et sa] lutte contre le Minotaure. Dédale, après [être longtemps] prisonnier avec son fils Icare dans l'en[ceinte du labyrinthe], conçut un hardi projet d'évasion : avec [de la cire et] des plumes il forma des ailes pour lui et pour son [fils, et trouva] ainsi moyen de traverser les airs. Ce ne fut qu'en [tremblant qu'il] encouragea son fils à le suivre dans cette route [et, en] effet, le jeune imprudent fut victime de cette [témérité. Oubliant les] sages conseils de son père, il s'éleva trop [dans les] airs ; le soleil, dont il s'était trop approché, fit [fondre la] cire de ses ailes, les plumes s'en détachèrent, et le [jeune homme] fut précipité dans cette partie de mer qui, en sou[venir de cet] accident, fut appelée *mer Icarienne*. Quant à Dé[dale, il atteignit] heureusement les côtes d'Italie et prit terre à [Cumes, où il] construisit un temple en l'honneur d'Apollon. De [là il se] rendit en Sicile où il termina ses jours.

En quittant la Crète il enleva les deux
du roi, et, après avoir cruellement aban
sur l'île de Naxos Ariane, qui s'était en
sur le rivage, il épousa Phèdre.

Lorsqu'il était parti d'Athènes, Thé
tait un vaisseau dont les voiles étaient
en signe de deuil; son père lui avait
mettre que, s'il revenait vainqueur, il
rait des voiles blanches pour annoncer
l'heureux succès de ses entreprises. Dans
de son triomphe, le jeune héros oublia
commandations paternelles, et le roi,
haut d'un rocher le vaisseau qui
ses voiles sinistres, se précipita de
dans la mer, à laquelle cet événement
donner le nom de *mer Egée* (1).

Bien qu'il fût devenu roi par la mort
père, Thésée accomplit encore plus d'un
glorieux. Il fit une guerre heureuse
roi de Thèbes; il extermina successive
sieurs brigands célèbres par leurs cri
ron, qui pillait les voyageurs et les
dans la mer; *Procuste*, qui étendai
sur un lit de fer, coupant de leurs jam
ce qui dépassait la longueur du lit, et
lant au contraire avec des cordes et
jusqu'à ce qu'ils eussent atteint préci
longueur; *Phalaris*, qui enfermait le
dans un taureau d'airain qu'il faisai
sur un feu ardent. Thésée défit encore

---

(1) La mer Égée ou l'Archipel. Ce nom se donne
ment à cette partie de la Méditerranée qui se trouve
Romélie au nord, l'Anatolie à l'est, la Morée à l'
de Candie au sud.

[...] il accompagna aux enfers son ami [...] voulait enlever Proserpine; mais [...] dévoré par Cerbère, et Thésée [...] à un rocher jusqu'à ce qu'Hercule [...].

[...] la fin de sa carrière affligée par les [...]ments les plus douloureux. Phèdre se [...] d'avoir été insultée par Hippolyte, [...] reine des Amazones, sa première [...]; trompé par cette accusation calomnieuse, [...]heureux père invoqua contre son fils la [...] de Neptune, qui ne se rendit que trop [...]ment à ses vœux. Au moment où le [...] se disposait à quitter l'Attique, [...] épouvantable, vomi par les flots, [...]ment les chevaux d'Hippolyte, qu'ils [...] le malheureux prince sur des [...] où son corps fut déchiré. Phèdre rendit [...] témoignage à l'innocence du fils de [...] en se donnant elle-même la mort.

[...]ment éprouvé par ces chagrins domes[...] se vit encore en butte aux ré[...] sujets; chassé de son trône et de [...] il se vit réduit à aller demander un [...]mède, roi de Scyros, qui l'assassina. [...] les Athéniens rendirent justice à sa [...] ils lui élevèrent des statues et le [...] nombre des Demi-Dieux.

---

[...]res habitant une contrée de la Thessalie, qui avaient [...] d'un cheval, avec le cou, la tête et les bras d'un [...] se servaient fort adroitement de la massue et de [...]bablement voulu désigner ainsi une nation fort [...] l'art de monter à cheval. Le plus célèbre d'entre [...] Chiron, qui était tellement versé dans toute espèce de [...] qu'on lui envoyait de toutes parts de jeunes princes à [...] entre autres Achille.

-o-o-o-o-o-o-o-o-o-o-o-o-o-o-o-o-o-o-o-o-

## V. — JASON.

JASON, fils d'Eson, roi d'Iolch[...]
par son père mourant sous la t[...]
son oncle. Elevé par le centaure C[...]
montra bientôt digne d'un tel m[...]
qualités brillantes le rendirent [...]
peuples.

Son oncle, voyant le jeune héro[...]
de réclamer le trône de ses pèr[...]
profiter de son amour passionné [...]
en l'engageant dans quelque entr[...]
leuse où il devait trouver la mort. Il lu[...]
donc que le plus sûr moyen de signal[...]
était d'aller tenter la conquête de la [...]
*d'or.*

La Toison d'or, dépouille d'un [...]
veilleux, était un gage de bonheur [...]
chesses pour le pays qui la poss[...]
quelle en était l'origine : Phrixus e[...]
sœur, enfants d'Athamas, roi de T[...]
lant échapper aux mauvais traiteme[...]
belle-mère Ino, s'enfuirent sur un bél[...]
son d'or qu'ils avaient reçu en hérit[...]
mère. Pendant la traversée d'Europ[...]

se laissa tomber et se noya dans
l'on a nommé depuis l'Helles-
rivé en Colchide (2), Phrixus y con-
oison d'or au dieu Mars, la suspendit
et la renferma dans une enceinte
ardée par un horrible dragon. Phrixus
mé plus tard par Æètes, roi de Col-
désiraient vivement venger sa
quérir la précieuse toison.

résolution de Jason fut-elle con-
foule de jeunes princes et de capi-
se ranger sous ses ordres et partager
de cette brillante entreprise. Parmi
étaient au nombre de cinquante-
surtout Admète, Castor et Pollux,
culape, Thésée, Orphée, Pirithoüs,
, Méléagre, Typhis le célèbre pi-
, dont la vue était si perçante, qu'il
sous les eaux les écueils et les bancs
enfin Hercule, qui, ayant perdu son
que les nymphes avaient entraîné au
aux, ne voulut pas pousser plus loin
rise qui commençait si malheureuse-
lui; ses compagnons ne le regrettè-
car le poids de son corps chargeait le
outre mesure, et son appétit insatiable
l'équipage de la disette.

et ses compagnons furent nommés les
, et ce nom leur venait du navire
ur lequel ils s'embarquèrent au cap de
en Macédoine, et qui les conduisit

___

pont, un détroit des Dardanelles, communique
à la mer de Marmara, et sépare l'Europe de l'Asie.
d'Asie à l'est du Pont-Euxin, qui en baigne les côtes.

en Colchide, en traversant le Pont-Euxin. Ce
bâtiment avait été construit, par un habile
architecte nommé Argus, d'arbres de la forêt
de Dodone; il portait cinquante rames, et
fut, dit-on, le premier vaisseau qui ait vogué
sur les flots.

Parvenu après mille dangers au bout de son
voyage, Jason avait encore de grandes difficultés à vaincre. Avant de s'emparer de la toison
d'or, il fallait franchir une barrière gardée par
des taureaux qui vomissaient des flammes par
les naseaux; il fallait ensuite semer les dents
du serpent que Cadmus avait autrefois fait
vaincre les guerriers qui devaient naître sur
le-champ de cette semence. Tous ces périls
surmontés, il restait encore à combattre un dragon d'une forme hideuse et d'une énorme
grandeur, à qui était confiée la garde du trésor.

Le héros grec n'aurait pu triompher de ces
grands dangers, s'il n'avait trouvé un appui
inattendu à la cour du roi Æètes. Médée, fille
de ce prince, fort habile magicienne, promit
de le faire réussir dans son entreprise, s'il pro-
mettait de l'épouser.

Jason, s'y étant engagé par un serment so-
lennel, fut rendu invulnérable par les enchantements de sa fiancée; il dompta les taureaux
sans résistance, les soldats nés des dents du serpent se tuèrent entre eux, et le dragon vaincu
laissa enlever la toison qu'il devait défendre.
Le héros, maître du trésor qu'il ambitionnait,
prit la fuite, enlevant les trésors et la fille
d'Æètes. Poursuivie par son père, Médée mit en
pièces son jeune frère Absyrte et dispersa ses
membres le long des chemins, afin que le père

les recueillir, ne pût atteindre

à Iolchos, Jason y fut reçu en et épousa Médée. *Eson*, son père, avait cru mort, avait reparu, mais il blé de vieillesse, et hors d'état de aux fêtes par lesquelles on célé- de son fils; Médée, touchée de renouvela son sang épuisé, et la force de ses enchantements, vigueur de la jeunesse.

de Pélias, l'ancien tuteur de Jason, le prodige opéré en faveur d'Eson, Médée de rappeler également leur années. La cruelle magicienne rendre à leurs vœux et leur per- leur père par morceaux pour llir dans une chaudière; mais les princesses, après avoir fidèlement instructions, attendirent vainement promesses perfides qui les avaient cides. Le peuple de Thessalie fut de cette infâme cruauté, que époux furent forcés d'aller cher- près de Créon, roi de Co-

lui-même, épouvanté de l'odieux ca- de sa femme, la répudia pour épouser

---

ville de la Grèce, célèbre autrefois par sa ri- orgueil et le luxe de ses habitants. Elle est située sur Péloponèse et près d'un isthme qui porte son nom, d'Athènes et celui de Lépante, avec un port sur Sa citadelle, nommée Acro-Corinthe, qui offre de fortifications formidables, passait autrefois pour

4

Créuse, fille du prince qui lui avait donné [l'ho]pitalité. Médée cacha d'abord sa fureur, [mais] c'était pour mieux préparer sa vengeance. [En] effet, elle envoya à sa rivale, pour les fêtes [de] ses noces, une robe ornée de pierreries [bril]lantes ; ces diamants cachaient un feu [ter]rible qui fit périr Créuse au milieu [d'un] incendié. Jason courut vers Médée [la] main pour punir cette nouvelle trahison ; [mais] en ce moment Médée s'enleva dans les [airs,] un char traîné par des dragons ailés, [et pour] dernier adieu elle jeta à son époux les [cadavres] des deux enfants qu'elle avait eus de [lui et] qu'elle venait d'égorger (1). Elle se [rendit à] Athènes, où elle devint l'épouse du roi.

Jason traîna quelque temps encore [une vie] misérable et désolée, et fut mis après sa [mort au] rang des Demi-Dieux.

*QUESTIONS.* Que raconte-t on de la jeunesse [de Jason ?] — Quel projet lui suggéra son tuteur ? — Pour[quoi ? —] ce qu'était la Toison d'or ? — Jason trouva-t-il [des compa]gnons pour aller tenter la conquête de ce trésor ? — [Pour]quoi les nomma-t-on les Argonautes ? — Quels [obstacles] s'opposaient à l'enlèvement de la toison d'or ? — [Comment] Jason triompha-t-il de toutes ces difficultés ? — [A son] arrivée à Iolchos, comment Médée signala-t-elle [son habi]leté dans la magie ? — Quel acte de cruauté commit-[elle] ensuite, et quelles en furent les conséquences ? [— Jason] n'abandonna-t-il pas sa première épouse, et Médée [ne] tira-t-elle pas une terrible vengeance ? — Que devint [en]suite Jason ?

---

(1) Ce sujet a inspiré plusieurs poëtes ; le grand Cor[neille et] Longepierre l'ont traité en tragédie.

## VI. — ORPHÉE.

Orphée, fils d'Apollon et de Clio, ou, suivant d'autres, fils d'Œagre, roi de Thrace, et de Calliope, fut un poëte, créateur de la plupart des fables du paganisme, et le plus célèbre musicien de l'antiquité.

Aux sons de la lyre qu'il avait inventée ou au moins perfectionnée, aux accents de sa voix qui s'unissait à ces accords mélodieux, les arbres et les rochers se mettaient en mouvement, les fleuves suspendaient leur cours, les animaux les plus sauvages se réunissaient autour de lui, et oubliaient en l'entendant leur férocité naturelle.

Il avait épousé la nymphe Eurydice, mais peu de temps après son mariage elle succomba à la morsure d'un serpent. Orphée, désespéré, voulut l'arracher du séjour des morts; arrivé aux bords des fleuves infernaux, il fit entendre des chants si plaintifs et si touchants, qu'il arracha des larmes aux ombres elles-mêmes, et qu'il adoucit pour un moment les douleurs qu'endurent les grands coupables. Pluton lui-même, le farouche Dieu du sombre empire, se sentit tellement ému, qu'il lui permit d'enlever Eurydice, à condition cependant qu'il ne se retournerait pas pour la regarder jusqu'à ce qu'il fût sorti de son royaume. Les deux époux, se soumettant à cette condition, avaient déjà surmonté les plus grands obstacles, déjà ils recevaient la lumière du jour, lorsque Orphée, ne pouvant contenir son imp[illegible] tourna un instant la tête pour s'assur[er si son] épouse le suivait. Ce regard suffit pour l[e] perdre à jamais le bonheur qui allait lui [être] rendu : Eurydice, entraînée par une force [na]turelle, disparaît en lui tendant les [bras. Le] malheureux époux, qui se précipite [vers elle,] n'embrasse plus qu'une ombre vai[ne. Elle se] montra inflexible aux nouveaux effor[ts qu'il] tenta, et l'implacable Pluton ne se laiss[a une] seconde fois arracher sa proie.

Orphée, livré au plus violent déses[poir, se] retira dans les solitudes du mont R[hodope (1),] où il fuyait la vue de toutes les fem[mes. Les] prêtresses de Bacchus, irritées de cett[e] douleur, qu'elles prenaient pour un [mépris,] s'emparèrent de lui dans les accè[s de fureur] que leur inspirait le Dieu du vin, et mi[rent son] corps en pièces.

*QUESTIONS*. Qu'était Orphée ? — Les acce[nts] et le son de sa lyre ne produisaient-ils pas de[s] — Qui épousa-t-il, et quels événem[ents suivirent leur] union ? — Comment mourut Orphée ?

∘—∘—∘—∘—∘—∘—∘—∘—∘—∘—∘—∘—∘—∘—∘—∘—∘—∘—∘

## VII — CASTOR et POLLUX

CASTOR et POLLUX, frères jumeaux [et modèles] de l'amour fraternel, étaient fils de Léd[a] et Tyndare, roi de Lacédémone, laquel[le donna] en même temps le jour à Clytemnestre et [à]

---

(1) Aujourd'hui le Despoto-Dagh, qui sépare l'an[cienne Macé]doine de l'ancienne Thrace.

[...] jeunes héros donnèrent de bonne
[...] preuves de leur courage et de leur
[...] Castor excellait dans l'art de dompter
[...], et Pollux brillait surtout aux luttes
[...] leur premier exploit fut la destruction
[...] qui désolaient les mers de la Grèce.
[...] ensuite à l'expédition des Argo-
[...] prirent une part importante à leurs
[...]. On raconte que pendant la traversée
[...] milieu d'une affreuse tempête, deux
[...] voltiger sur leurs têtes, et qu'aussitôt
[...] apaisa.
[...] retour, ils portèrent la guerre chez
[...] et s'emparèrent d'une ville où
[...] avait renfermé leur sœur Hélène, après
[...] levée.
[...] ayant été tué dans un combat singu-
[...] pied du mont Taygète, Pollux, qui
[...] reçu de Jupiter le don de l'immortalité,
[...] ce Dieu de faire participer son frère
[...]. Le maître de l'Olympe ne put lui
[...] cette grâce complète, mais il consentit
[...] chacun des deux frères alternativement
[...] de la vie pendant six mois, tandis que
[...] habiterait le séjour des morts. Ils par-
[...] ainsi une seule existence, jusqu'à ce
[...] fussent transportés tous deux au ciel,
[...] sont l'un des signes du Zodiaque, sous
[...] des *Gémeaux*. Maintenant encore les
[...] constellations qui portent leurs noms ne se
[...] jamais en même temps sur l'horizon,
[...] d'elles disparaît toujours au moment
[...] se lève. Castor et Pollux obtinrent les
[...] divins, et on les regardait comme des
[...] favorables aux navigateurs. On leur

sacrifiait des agneaux blancs, comme on im-
lait des brebis noires aux tempêtes. Les habitants de Céphallénie, île de la mer Ionienne,
les honoraient d'un culte particulier ; chez les
Romains il était d'usage que les hommes jura-
sent par le temple de Pollux, *ædepol*, et les
femmes par celui de Castor, *æcastor*.

*QUESTIONS*. Quelle était l'origine de Castor et de Pollux ?
— Comment signalèrent-ils leur jeunesse ? — Pollux ne
donna-t-il pas une preuve frappante d'amour fraternel ? —
Comment les honorait-on ?

## VIII. — CADMUS.

CADMUS était fils d'Agénor, roi de Phénicie.
Son père, désolé de la disparition de sa fille
Europe, que Jupiter, sous la forme d'un taureau, avait enlevée et transportée en Crète,
donna ordre aux trois frères de cette princesse
de courir sur les traces du ravisseur, leur dé-
fendant de paraître jamais en sa présence s'ils
n'étaient parvenus à retrouver leur sœur.

Après beaucoup de recherches inutiles, Cadmus alla consulter l'oracle de Delphes, qui lui
conseilla de s'arrêter là où le conduirait un bœuf
qu'il devait rencontrer à la porte du temple,
et de fonder une ville en cet endroit. Cadmus
trouva en effet un bœuf qui se mit à marcher
devant lui, et il le suivit jusque dans une contrée à laquelle il donna le nom de Béotie.

Avant de s'occuper de la ville qu'il devait construire, il voulut offrir un sacrifice aux Dieux ;

compagnons puiser de l'eau à une
consacrée au dieu Mars ; mais ils fu-
dévorés par un énorme dragon ; Cad-
vengea, et, après avoir tué le monstre,
de ses dents, suivant le conseil de
et les sema sur la terre. Ces dents
aussitôt naissance à des hommes
combattirent les uns contre les autres,
tuèrent, à l'exception de cinq qui aidè-
à jeter les fondements d'une ville
Thèbes (1). Plus tard, Amphion
murailles de cette ville, et il savait
lyre des sons si ravissants, que les
sensibles à cette harmonie, venaient
mêmes se ranger à leur place (2).
s'occupa ensuite de polir les mœurs
habitants des campagnes qu'il avait
sa cité. Il les assujettit à des lois
de sagesse, et leur enseigna des arts
On lui attribue l'honneur d'avoir le pre-
connaître à la Grèce les lettres de

---

située au pied du lac Capaïs, jouit, au temps de Pélo-
minondas, d'une grande puissance et d'une pros-
able. Elle fut ruinée, vers l'an 419 de Rome, par
qui n'épargna que la maison où le poëte Pindare était
citadelle se nommait Cadmée. Un village nommé Thiva
aujourd'hui sa place ; quelques inscriptions sont les seuls
des magnifiques monuments qui la décorèrent au-
Il y eut en Egypte une autre Thèbes, qui fut fondée par
laquelle fut également célèbre par ses richesses et par
portes ouvertes dans ses murailles.
femme d'Amphion et fille de Tantale, ayant eu
enfants, se mettait orgueilleusement au-dessus de Latone,
Apollon et de Diane. Cette déesse en fut tellement irritée,
fit tuer par ses enfants les sept fils et les cinq filles de
cette dernière fut métamorphosée en rocher.

Il épousa Hermione ou Harmonie, [illegible]
Sémélé et trois autres filles. Sur la fin [illegible]
il fut chassé par le peuple révolté [illegible]
qu'il avait créée, et se vit réduit à [illegible]
son épouse, chercher un asile en [illegible]
blés de vieillesse et de chagrin, [illegible]
supplièrent les Dieux de mettre un [illegible]
souffrances, et ils furent l'un et l'autre [illegible]
morphosés en serpents.

*QUESTIONS.* Quelle fut la naissance de [illegible]
pourquoi quitta-t-il sa patrie? — En quels lieux [illegible]
— Quel fut le sort de ses compagnons, et que [illegible]
t-il? — A quels soins se livra-t-il ensuite? [illegible]
épouse, et comment termina-t-il ses jours [illegible]

---

## IX. — ŒDIPE.

ŒDIPE était fils de Laïus, roi de T[illegible]
dernier, ayant appris de l'oracle qu'il [illegible]
un jour recevoir la mort de la main d[illegible]
Jocaste, sa femme, allait lui donner, [illegible]
enfant aussitôt après sa naissance, et [illegible]
à un de ses serviteurs de lui arracher [illegible]
homme, ému de pitié, se contenta d'ex[illegible]
fant sur le mont Cythéron, en l'atta[illegible]
arbre par une courroie passée au travers [illegible]
pieds qu'il avait percés. Le hasard amen[illegible]
lieux Phorbas, berger des troupeaux du [illegible]
roi de Corinthe; l'enfant était encore vi[illegible]
Phorbas, l'ayant emporté dans ses bras [illegible]
à la reine sa maîtresse, qui adopta le [illegible]
orphelin, l'éleva comme s'il eût été son [illegible]
lui donna le nom d'*Œdipe*, composé [illegible]

[...] font allusion à l'enflure que ses
[...] conservée par suite des blessures
[...] reçues.

[...] en âge, OEdipe apprit que le
[...] n'était pas son père, et l'oracle
[...] consulter lui répondit qu'il trouverait
[...] en Phocide (1) ; il se hâta donc de
[...] dans ce royaume. En y arrivant, il
[...] dans un passage étroit un homme qui
[...] fièrement de lui céder le pas ; le
[...] répondit à cette injonction en
[...] l'épée à la main, et son adversaire eut
[...] succombé. Cet inconnu n'était autre que
[...] la prédiction suivant laquelle il devait
[...] la main de son fils se trouva ainsi

[...] à Thèbes, OEdipe trouva cette ville
[...] grand trouble causé par le Sphinx. Ce
[...] né d'Echidne et de Typhon, avait la
[...] mains d'une jeune fille, le corps d'un
[...] queue d'un serpent, les ailes d'un oi-
[...] griffes d'un lion ; il avait fixé son
[...] un rocher escarpé nommé le mont
[...] et de là il s'élançait sur les voyageurs,
[...] posait une énigme à résoudre, et dé-
[...] tous ceux qui ne pouvaient l'expliquer.
[...] posée par le monstre était celle-
[...] Quel est l'animal qui marche le matin
[...] quatre pieds, à deux sur le milieu du jour,
[...] soir à trois ? » OEdipe, s'étant présenté
[...] résoudre cette difficulté, répondit : « Cet

---

(1) [...] de la Grèce ayant au nord la Thessalie, à l'est les
[...] au sud-est la Béotie, à l'ouest la Doride. Elle ren-
[...] le Parnasse et la ville de Delphes.

« animal est l'homme, qui, dans son
« se traîne sur les pieds et sur les
« qui marche sur deux pieds au milieu de
« âge, et qui, sur le déclin de sa vie,
« obligé de s'appuyer sur un bâton. » Le Sph
désolé de voir son énigme ainsi dévoilé
précipita du sommet de la montagne,
chiré sur les rochers. OEdipe, libéra
Thèbes, entra en triomphe dans la ville,
la récompense que le peuple avait prom
vainqueur du monstre, c'est-à-dire qu
proclamé roi du pays, et obtint la
Jocaste, la veuve de Laïus. Ainsi OEdipe
suivi par un impitoyable destin, après
son père sans le connaître, devint, sans
savoir, l'époux de sa propre mère.

OEdipe jouissait depuis longtemps du pou
souverain, lorsqu'une peste terrible vin
ger la ville de Thèbes et ses environs.
avoir vainement épuisé tous les moyen
arrêter la marche du fléau, on recourut à l'o
qui répondit que les maux qui désolaient
Thébains ne cesseraient que lorsqu'on
découvert et puni le meurtrier de Laïus.
lui-même se livra aussitôt aux plus activ
cherches pour découvrir l'auteur de ce
cide; ses efforts eurent pour résultat
révéler toute l'horreur de sa destinée; il
en même temps qu'il était fils de Laïus,
c'était son père qu'il avait combattu et tué
traversant la Phocide.

En proie au plus violent désespoir, OE
s'arracha les yeux et se bannit de la
Guidé par sa fille Antigone, qui lui prodigua
soins les plus constants et les plus dévo

en route, à pied, dénué de tout se-
se souteuant sa vie que par les au-
demandait. Ce fut ainsi qu'il gagna
de Colone, dans l'Attique, où il se
il fut englouti dans un tremblement

deux fils, Étéocle et Polynice, qui s'étaient
du pouvoir après le départ de leur père,
convenus entre eux de régner alternative-
chacun pendant une année. Mais Étéocle,
en qualité d'aîné, avait le premier oc-
trône, refusa de le céder à son frère à
tion de l'année ; Polynice, indigné, alla
du secours à son beau-père, Adraste,
Argos, et vint assiéger Thèbes avec une
commandée par sept chefs, qui y périrent
l'exception d'Adraste. Enfin, pour mettre
aux maux de la guerre, les deux frères
de vider leur querelle dans un com-
singulier qu'ils se livrèrent en vue des deux
Ils se précipitèrent l'un contre l'autre
de fureur, qu'ils en furent tous deux
ils se percèrent réciproquement de
et tombèrent morts en même temps.
leur sœur, étant revenue à Thè-
après la mort de son père, pour rendre les
devoirs à ses deux frères, fut mise à
par Créon, qui s'était emparé du pouvoir.
s'éteignit toute cette famille frappée de
; Jocaste s'était étranglée.

QUESTIONS. Comment Œdipe passa-t-il son en-
— Pourquoi se rendit-il en Phocide, et quelle ren-
fit-il ? — Quelle circonstance remarquable signala
arrivée à Thèbes ? — Quel malheur vint le frapper dans
lieux ? — Quelle fut la fin de sa vie ? — Ses deux fils
lui succédèrent-ils pas ? — Comment mourut Antigone ?

## X. — PÉLOPS.

Pélops était fils de Tantale, roi de [illegible] ce dernier, ayant reçu chez lui [illegible] voyageaient sur la terre, et voul[illegible] leur divinité, leur offrit à man[illegible] fils Pélops, qu'il avait coupé par m[illegible] accommodé avec art. Cérès seule g[illegible] mets, et déjà elle avait mangé u[illegible] jeune enfant, lorsque Jupiter déco[illegible] Ce Dieu, plein d'une profonde h[illegible] épouvantable forfait, précipita Tan[illegible] enfers, et rendit la vie à Pélops, e[illegible] tous les morceaux de son corps; l'[illegible] Cérès avait mangée fut rempla[illegible] épaule d'ivoire.

Devenu grand, il vint à la cour d[illegible] roi d'Élide et de Pise. Ce roi av[illegible] nommée Hippodamie, et comme [illegible] pas s'en séparer, il avait déclar[illegible] donnerait en mariage qu'à celui q[illegible] vaincu à la course des chars; cett[illegible] n'était pas facile à remplir, car Œno[illegible] ployait une grande habileté dans c[illegible] il avait des chevaux si rapides, q[illegible] fils du Vent. En outre, les préten[illegible] combaient dans la lutte devaient êtr[illegible] tement mis à mort. Déjà treize [illegible] avaient payé de leur vie leur impru[illegible] suite, lorsque Pélops se présenta. B[illegible] des chevaux qui étaient un présent de[illegible]

---

(1) Contrée très-considérable de l'Asie-Mineure[illegible] occupait à peu près le centre, à l'ouest de la C[illegible]

[...] à la ruse, et gagna à prix d'argent
[...]ocher d'Œnomaüs, qui s'engagea à
[...] du char de son maître; par suite
[...] trahison, le roi fut renversé au milieu
[...]rrière. Il mourut des suites de cette
[...]ais il eut encore le temps de reconnaître
[...] son vainqueur et de lui accorder la
[...]Hippodamie.

[...], dès lors roi d'Élide, étendit rapide-
[...] conquêtes; il soumit à son pouvoir
[...] toute la presqu'île méridionale de la
[...] qui fut appelée, du nom de son conqué-
[...] Péloponèse.

[...] laissa deux enfants, Atrée et Thyeste,
[...] les poëtes se sont plu à accumuler
[...] horreurs imaginables. Après de lon-
[...]uelles, pendant lesquelles l'un et l'autre
[...]ouillés de tous les crimes, Atrée feignit
[...]oir se réconcilier avec son frère et l'invita
[...] festin; Thyeste s'y étant rendu, on lui fit
[...] la chair de ses propres enfants qu'Atrée
[...]orgés. La fable ajouta que le soleil
[...]ida, pour ne pas éclairer une scène
[...] atroce.

*[...]TIONS.* Quel événement extraordinaire marqua
[...] de Pélops? — Comment devint-il roi d'Élide
[...] d'Hippodamie? — De quelle contrée se rendit-il
[...] par la victoire? — Quels furent ses enfants?

## [...] — PRÉCIS DE LA GUERRE DE TROIE.

[...] ville de Troie (1), située en Phrygie au
[...] du mont Ida, vis-à-vis du Bosphore de

______________________________________________

(1) On ne trouve aujourd'hui aucune trace de l'ancienne Troie

Thrace, avait été fondée par Dardanus. [Eri]-
thonius, fils de ce prince, eut pour succe[sseur]
son fils Tros, qui donna son nom à la vil[le de]
Troie, et celui de Troade à toute la con[trée.]
Ilus, un de ses fils, donna à une citadel[le qu'il]
avait bâtie le nom d'Ilion, qui s'étendi[t ensuite]
à la ville elle-même. Laomédon, [fils d'Ilus,]
construisit les murailles de la place, [que l'on]
attribua à Apollon, de même que l'on cr[oit]
que Neptune seul avait pu élever les dig[ues qui]
devaient protéger Troie contre la fureu[r des]
flots. Laomédon, pour apaiser la colère du [dieu]
des mers, avait été obligé d'exposer [sa propre]
fille sur le bord de la mer, où elle devait [être la]
proie d'un monstre marin. Hercule, se r[endant]
à la conquête de la Toison d'or, tua le mo[nstre]
et délivra la fille du roi. Mais Laomédon l'[ayant]
frustré de la récompense qu'il lui avait p[ro-]
mise, Hercule saccagea la ville, tua le ro[i et]
emmena en esclavage son fils Priam. Ce [jeune]
prince avait été depuis racheté par les Tr[oyens,]
et c'était lui qui régnait à Troie lorsque c[ette]
ville célèbre tomba sous les efforts de la G[rèce]
conjurée.

Les cruelles vengeances qu'Hercule [avait]
exercées sur les Troyens avaient déposé [dans]
le cœur de ce peuple un germe de haine con[tre]
les Grecs. De leur côté, ces derniers étaient [ja-]
loux de cette ville, qui s'élevait comme [une]

---

au village de Poungar-Bachi, que l'on présume const[ruit sur]
l'emplacement de cette ville célèbre. Mais sur un rocher vo[isin]
que l'on croit être le *Pergania*, on trouve des débris de [con-]
struction, une citerne taillée dans le roc et trois tombeau[x hé-]
roïques. Un peu plus loin se trouvent les ruines de la nou[velle]
Troie, fondée par Alexandre et détruite par Sylla.

sur la côte de l'Asie, et qui égalait leurs riches cités en réputation et en prospérité.

Il ne fallait qu'une occasion pour faire éclater ces sentiments d'inimitié et pour changer cette haine secrète en une guerre ouverte. Elle ne tarda pas à se présenter. Pâris, fils de Priam, étant venu en Grèce pour réclamer sa tante Hésione, enlevée par Hercule, et qui était encore retenue prisonnière; le jeune prince fut accueilli avec hospitalité par Ménélas, roi de Sparte; et, voyant qu'on ne voulait pas lui rendre Hésione, il profita d'une absence de Ménélas pour enlever son épouse Hélène, déclarant qu'il la garderait tant qu'on n'aurait pas rendu la liberté à la princesse troyenne. Les plaintes du roi de Sparte retentirent dans toute la Grèce; tous les princes se rassemblèrent en courroux, jurèrent de ne pas déposer les armes qu'ils n'eussent renversé la ville de Troie; une armée considérable fut bientôt réunie, et les nombreux capitaines qui avaient joint leurs forces se soumirent au commandement d'Agamemnon, roi d'Argos et de Mycène, qui fut nommé généralissime.

Cependant la flotte des confédérés, composée de deux cent quatre-vingt-dix vaisseaux, fut longtemps retenue par les vents contraires dans le port d'Aulide, en Béotie. L'oracle, consulté sur les moyens de surmonter cet obstacle, répondit que les vents ne deviendraient favorables que lorsque Agamemnon aurait immolé sa fille Iphigénie à Diane, dont il avait encouru la disgrâce en tuant une biche qui lui était consacrée. Après une longue hésitation, Agamemnon se résigna à satisfaire à la cruelle exigence de la Déesse;

mais, au moment où le prêtre tenait le [...]
levé sur la princesse qu'il allait frapper, [...]
substitua une biche à Iphigénie, qu'elle [...]
porta dans la Chersonèse-Taurique, où [...]
fit la grande-prêtresse de son temple. [...]
devinrent immédiatement favorables, [...]
grecque cingla vers les rivages de T[...]
arriva bientôt et heureusement.

Toutes les forces de l'Asie s'étaient [...]
pour défendre Troie contre les capi[...]
Ces troupes étaient commandées par [...]
pleins de bravoure, au premier r[...]
il faut placer cinquante fils que Pri[...]
de différentes femmes, et dont l'a[...]
nommait Hector, eût seul repoussé [...]
des ennemis, si les destins ne lui [...]
contraires. Les yeux du monde enti[...]
fixés sur cette guerre, à laquelle les Dieux
mêmes prirent part, s'intéressant les [...]
les Grecs, et les autres pour les Troy[...]
surtout signala dans cette occasion [...]
qu'elle portait aux derniers par suite [...]
ment de Pâris, qui avait accordé à V[...]
prix de la beauté, qu'elle lui disputait.

D'innombrables combats se livrèrent [...]
fortunes diverses sur le terrain qui sé[...]
ville assiégée du rivage de la mer où [...]
avaient établi leur campement. Le [...]
d'Achille et l'adresse d'Ulysse furent [...]
redoutables aux Troyens. De nombre[...]
sensions s'élevèrent dans l'armée des [...]
d'illustres chefs périrent dans les deux [...]
et huit cent mille soldats furent tués, dit[...]
chaque côté. Cependant la lutte se pr[...]
depuis dix années entières, et, quoiq[...]

[...] exigées par le destin pour la
[...] eussent été remplies, les mu-
[...] cette capitale de l'Asie s'élevaient
[...] avec le même orgueil, et le courage
[...] défenseurs ne semblait pas affaibli, mal-
[...] les pertes qu'ils avaient faites.

[...] les Grecs eurent recours à une ruse
[...] réussit : feignant de renoncer à leur
[...], ils levèrent leur camp, et, après
[...] leurs tentes, leurs machines de
[...] leurs soldats, ils remirent à la voile,
[...] cacher leur flotte derrière l'île de
[...] (1), qui se trouve en face de la ville.
[...], se croyant enfin délivrés des
[...] des souffrances de la guerre, se pré-
[...] en foule hors des murailles. Leur
[...] frappée par une énorme figure de
[...] représentant un cheval, que les Grecs
[...] laissée sur l'emplacement de leur camp.
[...] délibéraient sur ce qu'ils devaient faire de
[...] immense machine, lorsque Sinon, espion
[...] et se disant leur victime, dit que ce
[...] était une statue offerte à Minerve,
[...] laquelle on avait donné d'immenses pro-
[...], pour que les Troyens ne pussent se
[...] la Déesse favorable en introduisant cette
[...] dans leurs murs. Les sujets de Priam,
[...] de ce piége, et voulant posséder dans
[...] ville ce précieux garant de la protection
[...] Minerve, s'empressent de pratiquer dans
[...] murailles une large brèche par laquelle
[...] entrer en triomphe le cheval mystérieux.

______

(1) [...] de l'Archipel, à l'entrée des Dardanelles, au sud de
[...] ; elle a seize kilomètres sur douze d'étendue.

Pendant la nuit, Sinon ouvre les flanc[s] [de la]
machine, et une foule de guerriers armé[s]
y étaient enfermés se répandent dans l'int[érieur]
de la ville ; en même temps les Grecs, [avertis]
par un signal, débarquent de nouve[au sur le]
rivage et pénètrent dans la place par [la porte]
que ses propres défenseurs ont ouver[te. Les]
Troyens, surpris au milieu du sommeil [et du]
le repos qui succédait à une journée de réjoui[s]-
sance, sont égorgés presque sans défen[se ; les]
palais et les temples sont pillés, et la [flamme]
d'un incendie général détruit tout ce que [le fer]
a épargné. Ainsi finit, trois cents ans [après sa]
fondation, la magnifique ville de Troie, l'or[gueil]
de l'Asie ; ainsi se termina une guer[re qui,]
malgré sa longue durée, doit son imme[nse re]-
nommée moins à son importance réelle [qu'aux]
vers d'Homère et de Virgile qui l'ont chant[ée].

_______________

(1) Cet événement arriva environ onze cent quatre-[vingt-]
quatre ans avant l'ère chrétienne. C'est une des époque[s les]
plus remarquables des temps fabuleux.

QUESTIONS. Quelle fut l'origine de Troie et quels [rois y] régnèrent successivement ?—Quels furent les [motifs qui engagè]rent les princes grecs à se confédérer contre [Troie, et par] quels obstacles la flotte grecque fut-elle re-[tardée? — Quels étaient les défenseurs de Troie? [—La guer]re fut-elle promptement terminée?—A quelle [cause les G]recs durent-ils leur victoire?

○—○—○—○—○—○—○—○—○—○—○—○—○—○—○—○—○—○

## XII. HÉROS GRECS.

### AGAMEMNON.

[Aga]memnon, roi d'Argos et de Mycène, [descend]ant de Tantale et d'Atrée, épousa Cly-[temnestre,] fille de Léda, dont il eut Oreste, [... et] Iphigénie.

[Gén]éralissime de l'armée grecque, il prit [le titr]e de roi des rois, et mit une grande [activit]é dans les préparatifs de la guerre. Ayant [appris] de la bouche de Calchas (1) que Diane [ne ren]drait les vents favorables qu'après qu'il [aurai]t immolé sa fille Iphigénie, il fit céder [ses sen]timents paternels à ses devoirs de géné-[ral, et] appela sa fille à son camp sous prétexte [de la] donner pour épouse à Achille; mais la [déess]e ne voulut pas laisser achever cet odieux [sacrif]ice. Pendant le siége il eut une querelle [avec] Achille, au sujet d'une captive qu'il lui [avait] ravie, et cette querelle faillit entraîner

---

(1) Célèbre devin qui suivit l'armée des Grecs à Troie. Après [la ruine] de cette ville, qu'il avait prédite, il se rendit à Colophon, [où il] mourut de chagrin pour s'être trouvé moins habile qu'un [autre] devin nommé Mopsus.

la perte des Grecs, en détermina[...]
leur refuser le secours de son bra[...]

Après la chute de Troie, il retourn[...]
emmenant prisonnière Cassandre, [...]
échue en partage ; celle-ci lui av[...]
serait assassiné en rentrant dans [...]
n'ajouta pas foi à cette prédiction, e[...]
Clytemnestre, sa femme, le fit poig[...]
Égisthe, avec lequel elle partage[...]
trône d'Argos.

*QUESTIONS.* Qu'était Agamemnon ? — Q[...]
t-il dans la guerre de Troie ? — Comment [...]

## ACHILLE.

Achille était fils de Pélée, roi de la Phth[...]
en Thessalie ; pour le rendre invul[...]
Thétis, sa mère, alla le plonger dan[...]
du Styx, mais elle négligea d'y tremp[...]
dar lequel elle le tenait, et c'est pou[...]
fils pouvait être blessé dans cette [...]
corps. L'éducation d'Achille fut confiée a[...]
du centaure Chiron, qui nourrit le jeu[...]
de la moelle des lions et des tigres, [...]
rendit habile dans le maniement des [...]
courage qu'il devait montrer plus tard [...]
dès ses plus jeunes années, car sa mère [...]
proposé le choix de vivre longtemps ign[...]
d'avoir une existence courte mais glorieu[...]
préféra sans hésiter cette dernière destin[...]

Thétis, instruite par le destin que [...]
périrait devant Troie, voulut l'empêche[...]
joindre à l'expédition qui se préparai[...]
cette ville ; elle l'envoya donc, déguisé [...]

Lycomède, roi de Scyros (1). Mais [...] avait déclaré que les Grecs ne [...] qu'avec l'aide d'Achille, Ulysse [...] de le découvrir dans sa retraite. Dans [...] se rendit à Scyros caché sous le dé[...] d'un marchand, et alla offrir aux [...] des bijoux et des parures, au milieu [...] il avait mis à dessein un casque et [...] Achille ne put résister au plaisir de [...] et de montrer son adresse à les [...] Ulysse, l'ayant reconnu à ces penchants [...] n'eut pas de peine à déterminer le [...] à le suivre vers les lieux où l'atten[...] gloire et les combats. Sa mère, dé[...] voir échapper à sa tendresse, obtint [...] de Vulcain un bouclier merveilleux qui [...] à l'abri de tous les coups ; elle lui [...] chevaux immortels.

[...] ne tarda pas à signaler sa valeur sous [...] de Troie, et il devint bientôt la terreur [...]. Agamemnon lui ayant enlevé, [...] de sa puissance, la jeune Briséis, [...] faite prisonnière dans la prise [...] ville de la Troade, Achille, ne vou[...] seconder les efforts des Grecs et, se [...] dans sa tente, il resta une année [...] sans prendre les armes. Grâce à son [...], les Troyens reprenaient l'avantage ; [...] Achille ayant appris que Patrocle avait été [...] Hector, le désir de venger son ami le [...] lui fit reprendre les armes. Il se pré[...] milieu de la mêlée, cherche Hector,

(1) [...] Skiro, île de la mer Égée, située vis-à-vis de [...], à quarante kilomètres de la côte de Négrepont.

et un combat terrible s'engage entre ce[s]
adversaires dignes l'un de l'autre. Cependan[t]
héros troyen succombe, et le vainqueur,
attaché par les pieds le cadavre de son en[nemi]
derrière son char, le promène trois fois a[utour]
de la ville qu'il a privée de son p[lus]
champion. Plus tard il se laissa touch[er]
prières et les larmes du vieux Priam,
rendit le corps défiguré de son fils.

Dans la dernière année du siége de T[roie]
Achille demanda à Priam sa fille Polyx[ène en]
mariage, lui promettant de devenir son [appui]
contre les Grecs. Sa demande ayant été a[ccueil-]
lie favorablement, il se rendit dans le [temple]
d'Apollon pour célébrer ce mariage ; mais P[âris]
voulant venger la mort d'Hector, lui déc[ocha]
une flèche qui l'atteignit au talon, et lui d[onna]
la mort. Les Grecs lui firent de magn[ifiques]
funérailles et lui élevèrent un tombeau [sur le]
promontoire de Sigée. On célébra des j[eux en]
son honneur, et il fut rangé au nombre [des]
Demi-Dieux.

*QUESTIONS.* Quelles furent la naissance et l'éduc[ation]
d'Achille ? — Comment fut-il entraîné au siége [de Troie]
malgré les efforts de sa mère ? — Quels furent ses [exploits]
pendant le siége ? — Comment mourut-il ?

## ULYSSE.

Ulysse, roi d'Ithaque (1) et de Dulichi[um]
était fils de Laerte et d'Anticlée.

---

(1) Aujourd'hui Teachi, petite île dont le chef-lieu est V[athy]
on y a découvert il y a plusieurs années, sous l'emplace[ment du]
château d'Ulysse, 200 tombeaux qui contenaient des bij[oux,]
figurines et des médailles de villes ou de rois grecs.

... où commença la guerre de Troie,
... épouser Pénélope, fille d'Icare. Dé-
... dans son pays et auprès de sa jeune
... contrefit l'insensé ; on le voyait
... charrue les animaux les moins pro-
... labourage, et tracer sur le bord de la
... sillons dans lesquels il semait du sel
... de blé. Cependant Palamède, qui soup-
... feinte, prit le jeune Télémaque qui
... naître, et le plaça devant la charrue
... père ; Ulysse se trahit par le soin qu'il
... quer son fils, et, voyant ainsi sa ruse
... il fut obligé de suivre les autres capi-
... devant Troie.

... arrivé au rendez-vous général, il
... plus grands services à l'armée confédé-
... rare prudence, par son courage et par
... Ce fut lui qui alla chercher Achille
... mède, lui qui enleva avec Diomède (1)
... num ou simulacre de Minerve qui pro-
... Troie ; ce fut encore lui qui empêcha
... (2), roi de Thrace, de secourir Priam ;
... mena au camp des Grecs Philoctète,
... tre des flèches d'Hercule ; enfin ce fut
... eut l'idée du fameux cheval de bois au-
... Grecs durent la victoire. Après la mort
... ille, il disputa les armes de ce héros au
... l'Ajax, et sut, par son éloquence, dé-
... les autres chefs à lui adjuger le pré-
... héritage du fils de Thétis.

---

... mède, roi d'Étolie, fut un des plus vaillants héros grecs.
... siège de Troie, il se rendit en Italie, où il fut tué par Énée.
... sena était venu au secours de Troie ; mais un traître
... Dolon fournit à Ulysse le moyen de le tuer et d'emmener
... vaux auxquels le sort de Troie était attaché.

Après l'issue de la guerre de [...] pendant dix ans contre les [...] la vengeance des dieux, qui l'[...] cesse de sa patrie. Il fut je[...] sur les côtes des Ciconiens, [...] eut une guerre cruelle à [...] Lotophages (1), qui firent go[...] gnons des fruits si délicieux, q[...] plus se rembarquer ; sur les riv[...] où il n'échappa à la férocité de [...] enivrant ce monstre et en lui [...] unique. Il visita ensuite le sé[...] Dieu, charmé de ses discour[...] fermés dans des outres, tou[...] vaient nuire à sa navigation ; [...] d'Ulysse ayant imprudemment [...] les vents déchaînés causèrent [...] le jeta sur les terres des Lestrig[...] phages qui dévorèrent plusieurs [...] gnons. Il resta ensuite un [...] régnait la magicienne Circé, [...] soldats en pourceaux et en [...] Délivré de ce nouveau danger, il [...] sa prudence aux séductions de[...] un naufrage le jeta dans l'île d'Og[...] de Calypso, où il séjourna sept an[...] d'innombrables périls et de longu[...] auxquels il échappa seul de tou[...] gnons, il dut à la générosité du [...] ciens de revoir enfin son île d'It[...]

Pendant les vingt années qu'a[...] absence, Pénélope n'avait cessé de l'[...] de lui garder sa foi. Vainement les [...]

---

(1) Peuple de la côte d'Afrique, en deçà de la S[...]

[...] dont elle était entourée cherchaient
[...] qu'Ulysse était mort, et qu'il
[...] devoir et de l'intérêt de ses peuples
[...] un nouvel époux ; elle employait mille
[...] gagner du temps, et évitait toujours
[...]. Pendant longtemps elle avait
[...] de ses persécuteurs, en leur
[...] former de nouveaux nœuds quand
[...] une broderie à laquelle elle
[...] elle défaisait chaque nuit l'ou-
[...] journée, de sorte que son travail
[...]. Enfin, poussée à bout, elle dit
[...] celui qui pourrait faire plier

[...] ces princes efféminés s'épuisaient
[...] pour tendre cet arc, un
[...] et de peu d'apparence se pré-
[...] : repoussé d'abord par les
[...] il saisit l'arc, le courbe de son
[...], et cet acte de vigueur et d'a-
[...] fait reconnaître Ulysse par ses
[...]. Prenant aussitôt les armes, il met
[...] massacre tous ceux qui aspiraient à
[...], et se voit enfin tranquille posses-
[...] ône de ses aïeux.

[...] Qu'était Ulysse ? — Se réunit-il avec em-
[...] l'expédition des Grecs contre Troie ? —
[...] rendit-il aux confédérés ? — Que lui arriva-
[...] our de Troie ? — Pendant ce temps, quelle
[...] de Pénélope ? — Comment Ulysse remon-
[...] ône d'Ithaque ?


AJAX.

[...] l'on regardait comme le plus vail-
[...] Grecs après Achille, commandait au

siége de Troie les Mégariens et les habit[ants de]
Salamine. Il était tellement bouillant, [que son]
courage dégénérait souvent en une esp[èce de]
démence furieuse.

Il se battit pendant une journée entière [contre]
Hector, et les deux héros furent si ch[armés l'un]
de l'autre, qu'ils cessèrent le combat [et échan-]
gèrent des présents qui devaient leur [être fu-]
nestes. En effet, Hector reçut d'Ajax un b[audrier]
qui servit plus tard à attacher son ca[davre au]
char d'Achille, et le fils de Priam [donna au]
guerrier grec une épée avec laquelle il se [donna]
la mort de sa propre main.

Après la mort d'Achille, Ajax et Uly[sse se]
disputèrent ses armes; le dernier l'ay[ant em-]
porté par son éloquence dans le conseil [des chefs]
de l'armée, Ajax tomba dans un tel [a]c[cès de]
rage, que pendant la nuit il se jeta l'é[pée à la]
main sur les troupeaux du camp et [en fit un]
carnage terrible, croyant frapper Uly[sse, Aga-]
memnon et les autres rois. Reven[u à lui et]
voyant les actes de folie auxquels il s'é[tait livré,]
il se tua pour éviter les moqueries d[ont il allait]
être l'objet. La jacinthe naquit, dit-on, [de son]
sang.

Il y eut un autre Ajax, fils d'Oïlé[e, connu]
par son adresse dans les exercices du [corps, mais]
encore plus par son impiété.

Lors de l'embrasement de Troie, [il pénétra]
les armes à la main dans le temple de [Minerve et]
en arracha la prêtresse Cassandre (1). L[a déesse]

---

(1) Cassandre était fille de Priam et d'Hécube; [elle]
avait reçu d'Apollon le don de lire dans l'avenir; [mais]
elle n'avait pas tenu la promesse qu'elle avait faite [au]

cette violation de son sanctuaire, sou-
tempête qui détruisit les vaisseaux
comme il retournait en Grèce. Lui-
chappé au naufrage, se réfugia sur un
s'écriant: Je me sauverai malgré les
Neptune, irrité de cette impiété, l'en-
sous les eaux d'un coup de son trident
le rocher en deux.

*TIONS.* Qu'était Ajax ? — Ne lutta-t-il pas contre
A quelle occasion se trouva-t-il en rivalité avec
N'y eut-il pas un autre Ajax ? — Comment mou-
Qu'était Cassandre ? (*Voyez la note.*)

## NESTOR.

Nestor, fils de Nélée et de Chloris, avait seul
au massacre qu'Hercule avait fait de la
Nélée, roi de Pylos, qui lui refusait le
dans ses États.
d'un âge déjà très-avancé, il accom-
les Grecs au siége de Troie, où il acquit
réputation de sagesse et de prudence.
ction d'Apollon le fit vivre trois cents

*TIONS.* Qu'était Nestor ? — Sous quel rapport se
-t-il au siége de Troie ?

---

cette faveur, il lui déclara qu'on n'ajouterait jamais
prédictions. En effet, tout le monde se moquait d'elle
voulait dévoiler les arrêts du destin. Son père la fit
dans une tour pour la punir d'avoir prédit la chute de
voulut vainement s'opposer à l'introduction du
bois dans les murs de la ville. Après le triomphe des
Hécube en partage à Agamemnon, et ne fut pas écou-
lorsqu'elle voulut le prémunir contre les criminels
Clytemnestre ; en arrivant en Grèce, elle fut tuée par
en même temps que le roi de Mycène.

## PHILOCTÈTE.

Philoctète, fils de Pœan, fut le com
d'Hercule; au moment de mourir, ce lu
fit jurer de ne jamais découvrir le lieu
pulture, ni l'endroit où il enterrerait
trempées dans le sang de l'hydre.

Lorsque les Grecs partirent pour T
racle leur déclara qu'ils ne pourraient
queurs s'ils n'avaient les flèches d
Ulysse alla donc demander à Philo
révéler le lieu où il trouverait ces
loctète résista longtemps à ses solli
mais enfin, sans trahir son secret par l
il frappa du pied la terre à l'endroit
étaient enterrées, et Ulysse comprit
signe.

Philoctète fut puni de son parjure
la traversée, une des flèches lui t
pied, et la plaie qui en résulta
telle infection dans la flotte, que les C
donnèrent le malheureux blessé sur
de l'île de Lemnos (1). Il y resta neuf
et sans secours, en proie aux plus horrib
frances, et n'ayant pour subsister qu
maux qu'il perçait de ses flèches.

Cependant le siége de Troie ne se
pas; les Grecs avaient perdu l'élite
guerriers et désespéraient déjà du
leur entreprise. Ils se souvinrent alors
ctète et de l'oracle qui le concernait. U

----

(1) Lemnos ou Stalimène, aujourd'hui Limne,
européennes que les derniers traités ont laissées sou
tion des Turcs.

[...]cher, et le détermina non sans [...] rejoindre l'armée grecque. Arrivé [...]rs de Troie, il fut guéri par Ma[...] se distingua par plusieurs actions [...] entre autres par la mort de Pâris. [...]ne du siége, il alla fonder dans la [...] avec une colonie de Thessaliens, la [...]taille.

[...] Qu'était Philoctète, et quel serment fit-il [...]ant? — Comment tint-il ce serment? — [...] parjure? — Comment parvint-il devant [...] y furent ses exploits?

○—○—○—○—○—○—○—○—○—○—○—○—○—○—○—○—○

## XIII. — HÉROS TROYENS.

### PRIAM.

[...] prise de Troie par Hercule, Priam, [...] Laomédon, fut emmené captif en [...] sa sœur Hésione.-

[...] la liberté, il monta sur le trône après [...] son père, donna une nouvelle splen[...] capitale, et étendit au loin ses con[...] avait épousé Hécube, fille de Cissée, [...]hrace, dont il eut un grand nombre

[...] de ces prospérités fut interrompu [...]erre que suscita l'enlèvement d'Hélène. [...] soutenir pendant dix ans une guerre [...] dans laquelle il vit la plupart de ses en[...]ber à ses côtés. Enfin, lors de la prise

---

[...]re médecin, fils d'Esculape; il mourut devant Troie.

de sa capitale, il fut égorgé par Pyrrh...
pied de l'autel de Jupiter, qu'il tenait em...

*QUESTIONS*. Quel événement principal mar...
jeunesse de Priam ? — Monta-t-il sur le trône de...
— Par quels malheurs fut-il frappé pendant...
années ?

## HECTOR.

Hector, fils aîné de Priam et d'Hécube, é...
Andromaque, dont il eut Astyanax, C'était...
courageux des Troyens, et il eût sauvé...
si elle avait pu être sauvée.

Pendant les dix années que dura le...
se signala par mille actes de valeur : il inc...
la flotte ennemie ; il combattit Ajax...
vaincre, mais sans en être vaincu, et...
l'inaction d'Achille, il porta souvent la...
dans le camp des Grecs.

Patrocle, l'ami et le frère d'armes d'...
voyant les avantages continuels qu'ob...
les Troyens, eut l'idée de paraître à la t...
troupes couvert des armes et des habits...
de Pélée ; cette ruse réussit, et à la vue...
armes qu'ils avaient appris à redouter, le...
dats de Priam reculèrent ; mais Hector...
quer Patrocle, et le fit succomber...
coups. A cette nouvelle, Achille, anim...
désir de la vengeance, se précipite sur le...
de bataille et atteint Hector comme il...
triomphant dans la ville. Une lutte...

---

(1) Pyrrhus, fils d'Achille et de Déidamie, se disti...
coup au siége de Troie. Il immola Polyxène sur le...
d'Achille, et emmena en Epire Andromaque, veuve d...
avec son fils Astyanax.

entre les deux héros à la vue des armées. La lutte semblait égale ; mais
ayant plongé sa lance au défaut de la
d'Hector, celui-ci tomba baigné dans
Achille traîna son cadavre autour des
de Troie, et le destinait à être la proie
tes féroces et des vautours ; il ne put cependant résister aux larmes et aux prières de
et lui rendit le corps de son fils.

*QUESTIONS.* Qu'était Hector ? — Par quels exploits
montra-t-il sa valeur pendant le siége de Troie ? — Comment mourut-il ?

## PARIS.

était l'un des fils de Priam. Avant sa
naissance, sa mère Hécube alla consulter l'oracle qui lui répondit que son enfant devait causer
la ruine de sa patrie. Pour éviter ces malheurs,
son père le remit, dès qu'il eut vu le jour, à un
homme qui devait le faire mourir ; mais la pitié
de ce dernier lui sauva la vie, et il fut élevé parmi
les bergers du mont Ida.

Sa beauté et sa grâce le distinguèrent, dès
sa première jeunesse, de ses grossiers compagnons ; il épousa OEnone, nymphe des forêts,
et fut choisi par l'Olympe pour adjuger le prix de
beauté à l'une des trois Déesses qui se le dis-
putaient. En prononçant en faveur de Vénus, il
attira sur lui et sur tout son peuple le courroux
de la vindicative Junon.

Il vint à Troie à l'occasion des jeux publics
que l'on y célébrait, et, en entrant dans la lice, il

l'emporta par son adresse et sa vigueur [...]
ses concurrents et même sur les fils de [...]
tor, furieux de se voir vaincu par un simple [...]
ger, voulut le percer de sa lance, [...]
moment critique Pâris se fit recon[...]
des signes certains pour le fils de [...]
connu par sa famille et admis aux [...]
à sa naissance, il fut envoyé en Grèce [...]
clamer sa tante Hésione ; ne pouv[...]
dans ses négociations, il enleva Hélè[ne...]
termina ainsi la confédération des [...]
contre Troie.

Pendant la durée du siége, Pâris [...]
pas toujours la bravoure que sembla[...]
mettre ses succès dans les jeux de la [...]
combattit cependant Ménélas, et il alla [...]
comber sous ses coups, lorsque Vénus vi[nt l'ar-]
racher à son ennemi victorieux. Il ble[ssa Dio-]
mède, et tua par trahison le vaillant [...]
Blessé lui-même par une flèche empoi[sonnée]
que lui avait décochée Philoctète, il [alla mourir]
auprès d'OEnone, sur le mont Ida.

*QUESTIONS.* Qu'était Pâris, et quels [...]
accompagnèrent sa naissance ? — Sous quels [...]
jeunesse fut-elle remarquable ? — Comment [...]
position à laquelle sa naissance lui donnait droit [...]
fut sa conduite durant le siége de Troie ?

## ENÉE.

Enée, prince troyen, fils d'Anchise et [...]
de Priam, est surtout célèbre par sa p[...]
vers les Dieux et par son émigration [...]
après la ruine de sa patrie.

vaillamment défendu contre les
avahissaient Troie dans la nuit qui
à l'empire de Priam, Enée sortit de
dévoraient les flammes, emportant
son père et ses Dieux Pénates,
la main son fils Ascagne, et suivi de
Créuse, qu'il perdit dans l'obscurité.
sur le mont Ida, où il réunit un
de ses compatriotes, qui s'em-
sous sa direction.

voile d'abord pour la Thrace, puis
l'île de Crète, d'où il fut chassé par la
il se rendit en Epire, ensuite prit
Drépane, en Sicile, où il vit mourir
Anchise. Après lui avoir rendu les
devoirs, il se mit en mer, et une
rieuse, suscitée par Junon, le jeta
d'Afrique, où, suivant Virgile, il
Didon, qui venait de fonder Car-
enfin il atteignit les côtes d'Italie,
avaient décidé qu'il devait se fixer.
montant le Tibre (2), les Troyens fu-
vinrent dans les États de Latinus; Enée
avec ce prince, qui lui promit en
sa fille Lavinie. Mais cette princesse
fiancée à Turnus, roi des Rutules,

---

l'Afrique propre des anciens, et fondée, ainsi que
que, par les Phéniciens. Elle fut pendant longtemps
de Rome, et lui fit une guerre acharnée; sa citadelle
une colline, et se nommait Byrsa. Détruite par les
ans avant l'ère vulgaire, cette ville célèbre fut
mais les Arabes la renversèrent de nouveau:
voit-on quelques vestiges.
d'Italie qui prend sa source dans les Apennins,
et se jette dans la mer de Toscane, à Ostie.

qui prit les armes pour faire valoir ses dr[...]
pour éviter les malheurs de la guerre, le[s] d[...]
rivaux convinrent de vider leur querelle [...]
un combat singulier; Enée, sorti vainque[ur ...]
cette lutte, épousa Lavinie et prit posses[sion ...]
trône des Latins. Ce mélange de Troyen[s ...]
sujets de Latinus donna naissance à la [...]
romaine, qui regarda toujours Enée com[me ...]
des ancêtres de Romulus, et qui le vénér[ait ...]
le nom de Jupiter Indigète.

*QUESTIONS*. Qu'était Enée? — Comment q[uitt...]
l'Asie?—Sur quels rivages fut-il successivem[ent ...]
Quel établissement fonda-t-il en Italie?

# QUATRIÈME PARTIE

## Culte rendu aux Dieux du paganisme.

### I. — LES TEMPLES, LES PRÊTRES ET LES SACRIFICES.

[On] croit généralement que le culte des faux [Dieux est] originaire de l'Orient. Il fut apporté en [Grèce] par les nombreuses colonies que les [Égypti]ens et les Phéniciens y établirent. Ces [Dieux] semblent surtout avoir été accueil[lis avec] faveur par les Grecs, qui se les appro[prièr]ent en mettant leurs rois et leurs héros au [nom]bre des Dieux, en leur élevant des monu[ments] magnifiques dont la mémoire sera éter[nelle], et en attachant une fiction poétique à [chaque] montagne, à chaque île, à chaque ro[cher] de leur pays.

[Les] premiers temples semblent aussi avoir [été] construits en Egypte, et l'on en trouve en[core] qui furent taillés dans des rochers à des [époqu]es qui se perdent dans l'antiquité. Héro-

dote parle d'un temple de dix mètres [...]
centimètres sur sept mètres, et de quatre [...]
de haut, construit d'une seule pierre, et [...]
mille ouvriers ne purent transporter qu'en [...]
années d'Eléphantis à Saïs.

Le plus ancien temple dont parle [...]
paganisme est le *temple de Bélus* ou [...]
mais si ce temple n'est autre chose qu[...]
de Babel, comme on l'a pensé, ce fu[...]
temple qu'un monument gigantesque [...]
duquel l'orgueil des hommes pens[...]
nouveau déluge impossible. On [...]
vrai Dieu interrompit la construction [...]
nument d'orgueil et d'impuissance. Il [...]
posé de huit tours superposées qui alla[...]
jours en diminuant, et au sommet des[...]
parvenait par un escalier tournant et [...]
On croit que cet édifice avait cent tren[...]
mètres de hauteur.

Le monument religieux le plus [...]
Grèce était le *temple de Diane à [...]*
on le mettait au nombre des sept mer[...]
monde. Ce magnifique édifice, comm[...]
l'architecte Chersiphron et terminé a[...]
cent vingt ans de travaux continuels [...]
mètres de longueur sur 75 de larg[...]
soutenu par cent vingt-sept colonnes [...]
20 mètres, dont un grand nombre [...]
tées, et qui avaient été données au [...]
cent vingt-sept rois différents. Selon [...]
la statue de la Déesse était en or. [...]

---

(1) Ville d'Ionie, faisant aujourd'hui partie de l'[...]
l'Asie-Mineure, sur les côtes de l'Archipel. C'est [...]
célèbre peintre Apelles.

... attira un concours immense de
... il ne cessa de s'enrichir des dons
... tous les peuples. Un instant
... toutes ces magnificences ; un
... Érostrate, voulant à tout prix
... célèbre, incendia le temple, qui
... détruit. Pour punir le sacrilége
... les Éphésiens défendirent, sous
... de prononcer son nom, qui n'en
... venu jusqu'à nous (1).

... Apollon à *Delphes* était aussi cé-
... en beauté que par les immenses
... avait accumulées la piété des
... de *Jupiter à Olympie* (2) passait
... de toute la Grèce. Il était tout
... dehors de colonnes d'ordre do-
... était pavé de mosaïques, et l'inté-
... de statues magnifiques, parmi
... citer surtout celle de Jupiter.
... la description des sept mer-
... onde.)

... temples innombrables que Rome
... Dieux, on distingue surtout le
... consacré à tous les Dieux, bâti ou
... Agrippa. On admire sa vaste cou-
... servi de modèle à toutes les con-
... de ce genre qu'on a élevées depuis ;
... majestueux portique soutenu par seize
... garnit, d'ordre corinthien, de douze

---

... aujourd'hui, près d'un village turc nommé
... du temple qui fut construit sur le même
... autant de magnificence que le premier, et qui
... l'invasion des Barbares.
... (royaume de Grèce) elle a un petit port
... le Ruphia, autrefois l'Alphée.

mètres de hauteur, et formé...
seul bloc (1).

Chaque divinité avait ses prêtres pr...
étaient chargés de veiller à son culte...
vaient des offrandes faites aux id...
étaient les ministres. Ils forma...
nombreux et qui jouissait de grand...

Les plus célèbres de ces prêtres...
*Flamines*, prêtres de Jupiter, de...
plusieurs autres Dieux, ainsi nom...
qu'ils se ceignaient le front d'une b...
lin nommée *flamen*; les *Saliens*, pr...
commis à la garde des boucliers...
rètes ou *Corybantes*, prêtres de Cy...
*tales*, chargées d'entretenir le feu per...
sacré à Vesta par Numa-Pompilius; les...
chargés de déclarer la guerre ou de...
paix; les *Aruspices*, qui devaient lire...
du destin dans les entrailles des vi...
*Augures*, qui prédisaient les évén...
nir d'après le vol des oiseaux.

Les sacrifices que l'on faisait aux D...
de différentes espèces, suivant les cir...
ces et le but dans lequel ils étaient f...
avait certaines divinités auxquelles o...
des fruits, des fleurs, des gâteaux...
d'autres objets dont profitaient les...
temple; à d'autres on immolait des...
maux qui devaient être choisis d'un...
ou d'une couleur particulière. Dans...
occasions on égorgeait cent anim...
même espèce, et cette sorte d'offrande...

---

(1) Ce temple, parfaitement conservé, est aujourd...
de *la Rotonda*, consacrée à tous les saints.

...be; on nommait *holocauste* le ... lequel la victime était entière-
...te par le feu, sans qu'il en restât ... Dieux furent quelquefois honorés ...re plus cruelle, et, dans certaines ...vages, on avait la coutume barbare ...ver autels de sang humain.

...ns quelle contrée le culte des faux Dieux ...? — Où furent construits les premiers ...tait le temple de Bélus ? — Quel était le ...ay le plus célèbre de la Grèce ? — N'y ...t-il d'autres temples dignes d'être cités ? — ...cipal temple élevé par les Romains ? — Le ...Dieux n'était-il pas desservi par des prêtres? ...tait-il connus ? — Par quels sacrifices hono-...du paganisme ?

## LES ORACLES ET LES SIBYLLES.

...oracles étaient les réponses que les ...rendaient à ceux qui venaient les con-...ast à peine besoin d'ajouter que ces ...émanaient des ministres des idoles, ...moyen de quelques artifices grossiers, ...aient aux peuples que les Dieux eux-...consentaient à leur dévoiler l'avenir et ...er sur ce qu'ils devaient faire. Presque ...ces réponses étaient conçues en paroles ...et susceptibles de plusieurs interpré-...de manière à ce que l'événement ne ...compromettre le crédit de l'oracle. Ces ...étaient une source constante de ri-...pour les prêtres, qui recevaient des pré-

sents considérables de tous […]
interroger les Dieux.

L'oracle de *Dodone* (1) est […]
plus ancien de la Grèce. Il fut […]
femme égyptienne nommée […]
été prêtresse de Jupiter à Th[…]
avoir été enlevée, fut conduite […]
fixa dans la forêt de Dodone, […]
pied d'un chêne un petit autel e[…]
Jupiter. Pendant longtemps les […]
purent comprendre son langa[…]
parvint à se faire entendre, […]
le murmure d'un ruisseau […]
sa demeure était la voix de […]
avait reçu le don d'interpréter […]
Plus tard, on suspendit au […]
avait consacré une statue d'airain […]
fouet dans sa main et qui, […]
agitée par le vent, allait frapp[…]
dont elle était entourée. Ce cho[…]
bruit, que des interprètes cachés […]
des arbres du voisinage se char[…]
quer. C'est ce qui a fait dire que […]
la forêt de Dodone avaient le p[…]
des oracles.

L'oracle de *Jupiter Ammon* […]
origine que celui de la forêt, […]
prêtresse égyptienne transpor[…]
des Phéniciens se retira dans une […]
des sables du désert. Bientôt on […]
rée, et l'on vint en foule la con[…]

---

(1) Aux environs de la ville de Janina, dans l[…]
(2) Dans le royaume de Fezzan, composé de […]
à l'entrée du désert ; sa capitale est Mourzouc[…]

... Les prêtres qui lui succé-
...truisirent un temple, et élevèrent
... de pierreries qui représentait
... une tête de bélier; quelquefois
... prêtres, portant cette statue sur
... parcouraient au hasard les pays
... feignant d'être dirigés par leur
... s'approche d'Alexandre le Grand,
... et de proclamer que ce conqué-
...rant descendant de Jupiter.

... *Delphes* fut le plus célèbre de
... de la Grèce. Voici l'histoire de sa
... un berger s'aperçut que ses chè-
...vres approchant d'une caverne qu'il avait
...étaient saisies tout à coup d'une
...vertige et de mouvements convul-
...sifs; en se baissant à l'ouverture de
...cette mystérieuse, éprouva les mêmes
... accompagnés d'un délire qui lui
...faisait prononcer des mots sans suite et sans
...que l'on regarda comme des inspira-
...tions. La superstition ne tarda pas à s'emparer
...des esprits; on entoura la caverne d'un
...enclos; on plaça sur son orifice un siége à
...trois pieds que l'on nomma trépied, et l'on y
...plaça une prêtresse que l'on nomma *Pythie*
...du serpent nommé Python dont Apol-
...lon avait délivré ce pays. A cette occasion l'o-
...racle qui d'abord avait été regardé comme
...consacré à la Terre, puis à Thémis, fut
...consacré au Dieu des vers, qui en resta maître
... Les prêtres recueillaient les mots
...vagues que la Pythie laissait échapper
...dans ses instants de délire, et ils en com-
...posaient de mauvais vers, que le vulgaire re-

cueillait comme l'expression de la [...]
vine.

L'oracle de Trophonius (1) fut [...]
célébrité. Ce Trophonius n'était qu'un [...]
fameux ; mais cela n'empêhait [...]
d'obtenir un grand crédit, dû prob[...]
sombres mystères dont ils étaient [...]
Pour consulter le Dieu, il fallait se [...]
à de longues épreuves et à de nomb[...]
fications ; puis le consultant se couch[...]
et il se sentait entrainé, les pie[...]
dans de profondes et obscures [...]
fond desquelles il descendait ave[...]
rapidité. A son retour, il rapportait [...]
vu ou cru voir pendant son séjour dan[...]
souterrains, et les prêtres lui en do[...]
plication.

Il y avait un nombre infini d'o[...]
célèbres. Ce nombre s'augment[...]
jours, et la seule Béotie en com[...]
vingt-cinq. L'établissement du ch[...]
tomber les derniers de ces oracle[...]
et en pénétrant dans ces temples [...]
les ruses au moyen desquelles le[...]
imposteurs des faux Dieux avaient [...]
abusé les peuples.

Les *Sibylles* étaient des femm[...]
gardait comme tenant le milieu ent[...]
et les divinités, et auxquelles on [...]
ciel avait donné connaissance de l'[...]

Varron en désigne dix principal[...]
plus célèbres sont les suivantes :

La *Delphique*, fille du divin Tiré[...]

---

(1) Près de Lébadée ou Libadia (royaume de [...]

...rte qu'après la prise de Thèbes elle ...vent des accès d'une fureur divine, ... desquels elle porta la première le ... Sibylle.

...de *Cumes*, ou la *Cumée*, qui faisait ...ce ordinaire à Cumes (1), et qui fut ...célèbre de toutes ; elle se nommait *Déi-*... était fille de Glaucus, et prêtresse ... d'Hécate. On croyait qu'elle avait ... ans, et qu'au temps d'Enée elle était ... de sept cents ans. Cette Sibylle, que ...ndait être inspirée par Apollon, ren-... oracles dans un antre qui se trouvait ... temple de ce Dieu. On y pénétrait par ...portes, et de chacune de ces ouvertures ... voix tonnante qui faisait entendre les ... de la prophétesse. Les Romains élevè-... temple à la Sibylle dans les lieux mêmes ... avait rendu ses oracles, et il y avait ... prêtres chargés de conserver le dépôt ..., que l'on consultait dans toutes les ...ances importantes.

..., née à Cumes dans l'Elide, et qui ... Démophile, ou Hérophile, ou encore ...; elle vint proposer à Tarquin l'Ancien ... vendre les recueils des vers sibyllins, ...ment neuf livres ; le roi ne lui ayant pas ... la somme qu'elle demandait, elle en ... dans les flammes, et demanda le même

---

..., ancienne ville de la Campanie, renommée au-... luxe et la richesse de ses habitants. On trouve ses ... les environs de Baïes, et l'on peut reconnaître l'en-... grotte de la Sibylle ; mais l'intérieur en est presque ... comblé par les éboulements.

prix des six qui restaient. Co[...]
hésitait, elle en détruisit trois [...]
s'empressa de sauver le reste [...]
trois cents pièces d'or qu'elle [...]
cueils étaient conservés par de[...]
à ce soin, et il fallait un ord[...]
qu'ils fussent ouverts et consul[...]
vait que dans les circonstances [...]

On peut citer encore la L[...]
Jupiter, que l'on vit successiv[...]
à Delphes et à Claros; l'*Helle*[...]
Marpèze, dans la Troade; l[...]
appelait Albunée, et qui proph[...]
aujourd'hui Tivoli en Italie.

*QUESTIONS.* Qu'étaient les Orac[...] [...]
vous savez sur l'oracle de Dodone; — [...]
Ammon; — Sur l'oracle de Delph[...] [...]
phonius. — Y avait-il d'autres Orac[...] [...]
Sibylles? — Pouvez-vous nommer le[...]

---

### III. — LES JEUX.

Les *jeux* étaient, chez les Grec[...]
mains, une espèce de spectacle q[...]
avait consacré. Leur institution [...]
pour motif, au moins apparent, [...]
quelque pieux devoir. Aussi en [...]
ordinairement le commencement e[...]
des sacrifices.

A Rome, les jeux solennels s[...]
dans les cirques; ils consistaient e[...]
de char, que l'on nommait jeux [...]

combats de diverses espèces dans
lesquels des hommes et des animaux,
scéniques, ou représentations de
comédies.

on distinguait, outre les luttes de
musique, cinq espèces de jeux diffé-
la course, qui se fit d'abord à
des chariots; le saut, qui consis-
des fossés ou des barrières; le dis-
en une masse de pierre ou de
lancer le plus loin possible; la
laquelle deux athlètes nus et le corps
cherchaient à se terrasser; enfin le
qui n'était autre chose qu'un
de poing; ceux qui se livraient
exercice s'armaient les mains de
et d'une espèce de brassard.
un grand nombre de ces solen-
furent fameuses. Les plus remar-
ont lieu près de la ville d'Olym-
de là le nom de *jeux olympiques*;
célébraient tous les cinq ans, on
habitude de compter les mesures de
olympiades. On prétend qu'Hercule,
battit Augias, roi d'Élide, institua ces
honneur de Jupiter; suivant une autre
furent fondés par cinq frères nom-
qui excellaient chacun dans l'un
exercices auxquels on s'y livrait,
dans l'arène chacun pendant un
c'est pourquoi ces fêtes étaient so-
pendant cinq journées consécutives.
mais parmi les prétendants à la vic-
avoir reçu une éducation spéciale
des conditions particulières; les per-

sonnes d'une naissance illustre pouv[...]
prendre part à la course en char. Les v[...]
recevaient une palme et une couronne [...]
les poëtes les plus illustres célébraient le[...]
et ils recevaient dans le stade les [...]
ments universels. A leur retour [...]
on les recevait en triomphe ; on le[...]
dans la ville par une brèche pratiqu[...]
aux murailles ; ils avaient des place[...]
marquées dans toutes les réunio[...]
et le trésor public pourvoyait à l[...]
pendant le reste de leurs jours.

Les *jeux pythiens* avaient d'abord [...]
à Delphes en l'honneur d'Apollon, [...]
toire sur le serpent Python. Ils se c[...]
aussi tous les cinq ans en des lieux [...]
et l'on s'y livrait aux mêmes exercice[...]
les jeux olympiques. Le vainqueur [...]
prix de son adresse ou de sa vigu[...]
ronne d'or.

Les *jeux néméens* furent institu[...]
neur d'Hercule, qui avait débarra[...]
du lion de Némée. D'autres en attribu[...]
gine à des fêtes funéraires fondée[...]
chefs argiens qui se rendaient au siège [...]
en faveur d'un enfant nommé Ar[...]
fut étouffé par un serpent tandis qu[...]
était occupée à les guider vers une [...]
juges et les combattants portaient le[...]
deuil, et le vainqueur recevait un[...]
d'ache.

Les *jeux isthmiens* prirent leur [...]
l'isthme de Corinthe, qui sépare la [...]
reste de la Grèce. On croit généralem[...]
furent créés par Thésée en l'honneur [...]

... célébrait tous les trois ans dans un
... ... La foule que ces jeux attiraient
... , que les personnes privilégiées
... naissance pouvaient seules y assister.
... ronne de pin était la récompense des
... . Lorsqu'ils rentraient dans leur patrie,
... que l'on construisît un pont pour
... par-dessus les murailles, et leurs
... gravés sur des colonnes dans les
...

... servé jusqu'à nos jours les noms des
... se distinguèrent le plus dans les
... *Polydamas*, de Scétuse, en Thes-
... d'une seule main un char attelé
... chevaux. Il mourut parce que, se
... une grotte qui s'éboulait, il s'obs-
... tenir la voûte à force de bras;
... pagnons s'échappèrent, lui seul fut
... *de Crotone* portait un taureau sur
... , le tuait d'un coup de poing, et le
... un jour. On cite de lui une foule
... qui prouvent une force prodi-
... jour, son bras se trouva serré dans
... arbre qu'il voulait fendre en deux, et
... ne pouvait le dégager, il fut dévoré
... maux sauvages.

**... TIONS.** Qu'étaient-ce que les Jeux? — En quels
... consistaient ceux qu'on célébrait à Rome? —Quels
... exercices pratiqués en Grèce? — Que rapporte-
... olympiques? —Qu'étaient les jeux pythiens?
... néméens? — Les jeux isthmiens? — A-t-on
... la mémoire de quelques athlètes célèbres?

# CHAPITRES SUPPLÉ[MENTAIRES]

## LES SEPT MERVEILLES DU MON[DE]

On appelait ainsi sept monume[nts] [de l'anti-]
quité qui semblaient, par leurs p[roportions,]
par leur beauté, les plus étonna[nts]
sortis de la main des hommes. Ce[s]
étaient: les murs et les jardins d[e]
les pyramides d'Égypte, le labyri[nthe,]
le colosse de Rhodes, le tombeau [de]
le temple de Diane à Éphèse, et l[e]
Jupiter Olympien.

*Les murailles de Babylone* (1)
grandeur prodigieuse; les ancien[s]
tendent qu'elles avaient soixante-[sept]
hauteur et dix d'épaisseur, de tel[le]

---

(1) Babylone, une des villes les plus célèbres [de l'an-]
cienne et une des plus belles qui aient jamai[s été fon-]
dée par Bélus. Elle fut successivement la capital[e]
des Chaldéens; elle était située sur les deux rive[s]
avait près de 100 kilomètres de circonférence.
l'on trouve dans les environs de Bagdad, n'ont été
reconnues que vers 1850; elles servent aujourd'h[ui]
aux bêtes féroces.

[...] pouvaient y courir de front. Elles
[...] carré parfait, dont chaque côté avait
[...] kilomètres ; elles étaient bâties de
[...] avec du bitume, et entourées
[...] revêtu de briques et de bitume.
[...] ce grand carré avait vingt-cinq
[...] massif, et entre ces portes, de
[...] angles des murailles, il y avait des
[...] de trois mètres plus élevées

[...] *suspendus* formaient un carré
[...] côté avait cent trente-trois mètres.
[...] élevés, et formaient plusieurs larges
[...] en forme d'amphithéâtre, et dont
[...] égalait en hauteur les murailles de
[...] entière était soutenue par de
[...] bâties l'une sur l'autre, et forti-
[...] muraille de sept mètres trente-trois
[...] d'épaisseur qui l'entourait de toutes
[...] par le sommet de ces voûtes que
[...] la terre des jardins, et elle formait
[...] assez épaisse pour que les plus
[...] pussent prendre racine.
[...] *d'Égypte* (1) étaient d'im-
[...] monts ayant une base large, ordinai-
[...] rée, construits en dehors en forme
[...] qui vont toujours en diminuant jus-
[...] La plus grande, dite *de Chéops*,
[...] le roc, qui lui sert de fondement ; sa
[...] trois cent vingt mètres sur chaque
[...] hauteur est de cent soixante mètres ;

---

(1) [...] célèbres, qui sont encore parfaitement con-
[...] Djizeh, à 16 kilom. du Caire, dans le voisinage
[...] ancienne capitale de l'Égypte fondée par Osiris
[...] occidentale du Nil.

le sommet de la pyramide, qui d'a[...]
se terminer en une pointe aiguë, [...]
plate-forme carrée, dont chaque côt[...]
sept mètres. Les pierres qui forme[...]
mides sont toutes énormes; la [...]
mètres de long. Ces monuments [...]
à servir de tombeaux aux rois d'[...]

*Le labyrinthe d'Égypte* (1), [...]
trémité méridionale du lac Mœris, [...]
de la réunion de douze palais dis[...]
rement et qui communiquaient en[...]
mille chambres entremêlées de ter[...]
paient autour de douze salles princi[...]
laissaient point de sortie à ceux qui [...]
dans leur inextricable réseau. Il y a[...]
de bâtiments sous terre; ces [...]
étaient destinées à la sépulture des ro[...]
vaient encore d'habitation aux croco[...]

Nous avons parlé ailleurs (voy[...]
du labyrinthe de Crète, construit [...]
du labyrinthe égyptien.

*Le colosse de Rhodes* (2) était une [...]
statue de bronze élevée en l'honneur [...]
par le sculpteur Charès. Les pieds de c[...]

---

(1) On trouve encore aujourd'hui quelque[...]
labyrinthe dans les environs de Medynet-el-F[...]
Arsinoé); le lac Mœris se nomme aujourd'hui [...]
Les recherches des voyageurs modernes ont [...]
pas été creusé de main d'homme, comme on [...]
temps.

(2) Rhodes est une île située sur la côte m[...]
Mineure; elle fut célèbre dans l'antiquité par les [...]
ses et la civilisation de ses habitants, et dans l[...]
quand elle devint la résidence des chevaliers de S[...]
population de l'île est d'environ 30 000 habitan[...]
tous Grecs. Rhodes appartient aux Turcs.

[...]ur deux roches situées des deux côtés
[...] port de Rhodes ; les plus grands
[...]passaient, toutes voiles déployées,
[...]mbes. Elle avait soixante mètres
[...] et des escaliers intérieurs condui-
[...]au sommet du monument, d'où l'on
[...] les côtes de Syrie. Cette statue mer-
[...]construite 300 ans avant notre ère, fut
[...]quatre-vingts ans après par un trem-
[...]terre ; en 672, un Juif en acheta les
[...]avaient été enfouis pendant près de
[...] et le bronze qu'il y trouva forma la
[...]neuf cents chameaux, c'est-à-dire sept
[...]cents quintaux.

[...]u *de Mausole*, roi de Carie, avait
[...]par son épouse Artémise dans la ville
[...]me (1). Ce magnifique monument,
[...]elles sculptures des plus habiles ar-
[...]tempe, avait plus de onze mètres de
[...] de hauteur; il était entouré de trente-

[...] *de Diane à Ephèse* a été décrit
[...] page 144.
[...]ue *de Jupiter Olympien*, qui se trou-
[...]ympie (voir page 145), était le chef-
[...]de Phidias, le plus célèbre sculpteur de
[...]. Le trône et la statue étaient formés
[...]en or et en ivoire, et le Dieu était re-
[...]dans des proportions telles, que, bien
[...]assis, sa tête s'élevait jusqu'à la voûte
[...]ple, qui avait vingt mètres d'élévation.

---

[...]d'hui Boudroum, petite ville dans une situation pit-
[...]ur la côte occidentale de l'Asie-Mineure. Elle a une
[...] où l'on remarque des sculptures que l'on croit être les
[...] fameux mausolée. C'est la patrie d'Hérodote.

On comptait encore quelquefois par[ mi les mer]
veilles du monde *le temple de Sa[lomon, le Ca-]*
*pitole de Rome* et *le Phare d'A[lexandrie(1),]*
tour de marbre blanc construite par [l'architecte]
Sostrate, haute de cent cinquante [pieds, et qui]
portait un fanal pour indiquer le[s... aux bâ-]
timents qui arrivaient pendant la n[uit dans ces]
parages.

*QUESTIONS.* Qu'étaient-ce que les mer[veilles ?]
— Décrivez-les successivement. — N'y a[vait-il pas des]
monuments que l'on mettait quelquefois [au rang des]
merveilles ?

○—○—○—○—○—○—○—○—○—○—○—○—○

## LES SEPT SAGES DE LA GR[ÈCE]

En même temps que le goût d[es... se dé-]
veloppait dans la Grèce, l'amour [... ]
s'emparait aussi de quelques grands [... Des]
écoles s'ouvrirent où l'on ne [... que]
traiter de hautes questions de mor[ale, de poli-]
tique et de philosophie. — On no[mmait les sept]
*sages de la Grèce* sept hommes qu[i vivaient]
dans le même temps et qui se dis[tinguaient par-]
ticulièrement dans ces graves sp[éculations de]
l'esprit. C'étaient Thalès de Mi[let, Bias, Pitta-]
cus, Solon, Périandre, Cléobule et C[hilon.]

<hr>

(1) Alexandrie, capitale de la basse Égypte, [fut fondée par]
Alexandre le Grand, 332 ans avant J.-C., à l'em[bouchure du]
Nil, près de la Méditerranée. Les restes de son [phare]
supportent encore un feu qui est aperçu de cent [lieues]
en mer.

... à Milet, en Ionie, tient la première
... les sages de la Grèce. En même
... traitait des questions purement mo-
... appliquait aussi à l'étude de l'astro-
... il avait appris les éléments dans ses
... Égypte; il fut le premier à prédire
... et divisa l'année en douze mois, de
... chacun.

... unes de ses maximes : La pre-
... est de se connaître soi-même.
... bien vivre ? ne faites rien de
... reprenez chez les autres. — Aimez
... en leur absence comme en leur pré-
... avec eux comme s'ils devaient être
... ennemis. — Pour être heureux, il
... une bonne santé, une fortune médio-
... cultivé.

... né à Priène, en Ionie : cette ville
... d'assaut, tous les habitants se
... avec ce qu'ils possédaient de plus
... seul n'emportait rien, il disait :
... avec moi; il voulait parler de sa
... qui ne pouvait lui être ravie. On dit
... pour avoir plaidé avec trop de
... cause d'un de ses amis, qu'il croyait
... accusé.

... porte de lui les maximes suivantes.
... reux est celui qui ne sait pas sup-
... malheur. — Délibérez lentement, mais
... avec ardeur ce que vous avez résolu.
... ne hâtez jamais de parler. — Rapportez
... ce que vous faites de bien.

... de Mitylène, ayant été nommé au

commandement des troupes de sa pat[illegible]
mina la guerre par un combat singu[illegible]
proposa au général ennemi, et dans [illegible]
fut vainqueur. Il gouverna ensuite [illegible]
avec sagesse pendant dix ans, et abdiq[illegible]
propre volonté.

Il disait : Qu'il est difficile d'être [illegible]
bien ! — Ne dites pas à tout le monde [illegible]
vous voulez faire, car, si vous échou[illegible]
moquera de vous. — Ne dites pas de [illegible]
amis ; n'en dites pas davantage de vos [illegible]
— C'est une grande science que de [illegible]
de saisir l'occasion.

*Solon* avait une telle réputation de [illegible]
que les Athéniens, ses compatriotes, [illegible]
rent de leur donner des lois et prom[illegible]
observer. Après avoir accompli cette [illegible]
portante, Solon alla perfectionner [illegible]
sances par de longs voyages dans les [illegible]
gers. Quand il revint au bout de dix [illegible]
trouva ses lois tombées en désuétud[illegible]
mourut de chagrin.

*Périandre* était roi de Corinthe ; [illegible]
doute la flatterie qui le plaça au [illegible]
principaux sages de la Grèce, car [illegible]
présente comme un prince cruel et [illegible]
Il redoutait et persécutait surtout les [illegible]
qu'il regardait comme les plus dang[illegible]
nemis de l'État.

*Cléobule*, né à Lindes, en Carie, éta[illegible]
de l'historien Evagoras. Il était considéré [illegible]
l'homme le plus fort et le plus beau de so[illegible]

une grande partie de sa vie à étudier des Égyptiens. Il disait que le meilleur gouvernement populaire était celui où les craignaient plus le blâme que la loi.

fut éphore à Lacédémone, sa patrie. qu'il mourut de joie en couronnant vainqueur aux jeux olympiques. favorites étaient : Maîtrisez votre surtout dans les festins. — Courez à plutôt encore lorsqu'ils sont dans la lorsqu'ils sont heureux. — Ne parlez d'un mort. — Honorez la vieillesse. votre colère. — Ne désirez pas l'im-

ne figure pas au nombre des sept la Grèce, quoiqu'il soit le plus juste de tous les philosophes de l'anti 469 ans avant J.-C., d'un pauvre nommé Sophronisque, Socrate s'était aux combats comme un brave guerrier, tribunaux comme un juge intègre, dans comme un excellent citoyen, dans son comme un bon mari avec une femme Il était au milieu de ses élèves comme entre ses enfants, leur prêchant une très-pure et les instruisant plus encore conversation et ses exemples que par ses

enseignait la croyance en un seul Dieu, maître de l'univers, exempt de passions et et doué de toutes les perfections ima Socrate semble s'être approché de autant qu'il était possible à l'esprit dans l'ignorance de la vraie religion.

Des ennemis, des envieux l'accu[…]
nier les Dieux reconnus dans la répu[…]
le firent condamner à mort. Cette […]
téra pas un seul instant la fermeté qu[…]
avait déployée dans tous les évén[…]
vie. Il but la ciguë avec une admirab[…]
entouré de ses disciples, et mourut en […]
solant.

QUESTIONS. Qu'étaient les sept sages de […] Dites ce qu'était Thalès. — Rapportez quelqu[…] maximes. — Qu'était Bias ? — A-t-on […] unes de ses sentences ? — Comment v[…] Pouvez-vous rapporter ses maximes favo[…] lon ? — Et Périandre ? — Et Cléobule ? — Qu[…] Chilon et de ses maximes ? — Qu'était So[…] consistait son enseignement ? — Comment […]

# EXPLICATION

## LA MYTHOLOGIE

### PAR L'HISTOIRE

que la mythologie ne soit qu'un composé
d'absurdités et d'infamies, presque
[...]bles ont leur origine dans quelque
[...] vrai au fond, mais dénaturé par
[...] par les fictions des poëtes.

[...] tous les traits principaux de l'histoire
[...]on s'y retrouvent plus ou moins
[...] évident, par exemple, que la des-
[...] *l'âge d'or* des païens se rapporte
[...] dont jouissaient nos premiers pa-
[...] le paradis terrestre. Le déluge se
[...] la fable presque avec les mêmes
[...] dans l'histoire sacrée, et Deucalion
[...]elle exactement Noé. La tentative des
[...]terre pour escalader le ciel ne rappelle-
[...] exactement la téméraire entreprise de
[...] Babel ?

[...]age de l'empire du monde entre Jupiter

et ses frères est un souvenir du par[illegible]
terre que Noé fit entre ses trois enf[illegible]
qui eut l'Afrique, est le même que Jup[illegible]
fut d'abord honoré en Égypte sous le [illegible]
*Jupiter Ammon*, et l'on sait que l'[illegible]
pelle terre d'Ammon l'Égypte, où [illegible]
fixer sa résidence. Plusieurs auteurs o[illegible]
Mercure avec Chanaan, fils de Cha[illegible]
le serviteur de ses frères. Dans Bacch[illegible]
reconnaître Moïse : et en effet l'on [illegible]
l'histoire du dieu des coïncidences [illegible]
avec ce que nous savons de la vie du [illegible]
des Hébreux. Le lieu de la naissance [illegible]
son éducation, ses voyages, ses [illegible]
retrouvent dans ce qu'on raconte du co[illegible]
des Indes. Apollon, c'est évidemment [illegible]
fils d'Osiris, que les Égyptiens con[illegible]
avec le Soleil; comme Diane rappelle l[illegible]
avaient coutume de représenter sous [illegible]
de la Lune. La fable du dieu Mars e[illegible]
sée de l'histoire de plusieurs rois con[illegible]
dont le plus célèbre est Nemrod. [illegible]
peut être un autre que Tubalcaïn, q[illegible]
place dans la dixième génération de [illegible]
Caïn, et qui fut le premier inventeur [illegible]
forger les métaux.

Diodore rapporte que Neptune fut le [illegible]
premier qui commanda une armée [illegible]
donna aussi ce nom à tous les prince[illegible]
tèrent, dans l'origine de la navig[illegible]
expéditions maritimes. Les enlève[illegible]
lui attribue s'expliquent par ce fait, que [illegible]
miers navigateurs ne furent souvent [illegible]
pirates; enfin les métamorphoses qu'on [illegible]
doivent être entendues des différentes [illegible]

d'animaux dont on avait coutume de
proue des vaisseaux. En disant que
ait aidé Laomédon à bâtir les mu-
Troie, on faisait allusion aux digues
qui défendaient cette ville contre
flots, et qui semblaient n'avoir pu
qu'avec le secours du Dieu de
nombre et la diversité des Dieux
ordre inférieur s'explique par l'im-
des habitants naturels de la mer,
naturel des Grecs à poétiser
appait leurs yeux. On comprend
peur que les vents inspiraient à
venturaient sur les flots, et le culte
ndait pour calmer leur fureur.
des divinités de la terre nous offre,
des Dieux du ciel, des traits d'his-
et confondus au milieu d'une foule
dicules. Cérès était une reine de
int dans l'Attique enseigner à Trip-
moyens de rendre la terre fertile.
tres auteurs, il faut la confondre
admettre que les Grecs, étant allés,
nnée de famine, chercher des grains
en rapportèrent le culte de la Bonne
Dieu Terme dut sa création à la sa-
Numa Pompilius; ce roi législateur, qui
écrire ses lois sous l'inspiration des
de les rendre plus respectables,
pour assurer le respect dû aux pro-
un Dieu protecteur des limites et ven-
usurpations. Flore, Pomone, les Fau-
Sylvains furent d'abord des personnages
ent remarquer par leur talent à cultiver
les fruits, les arbres, etc., et dont

les Grecs firent des Dieux d'un […]

Au milieu de leurs plus grand[…] nations païennes ont toujours […] de l'immortalité de l'âme et d'un[…] dans laquelle les méchants […] punition de leurs crimes, […] trouveront la récompense de leu[…] tions. Les idolâtres avaient donc […] croyance, tout en l'entourant de l[…] inventions. Diodore de Sicile […] tout ce que la mythologie enseig[…] fers n'était que la reproduction d[…] que les Égyptiens observaient […] ment de leurs morts. Un prêtre […] mort, c'est la fonction que les […] buée à Mercure ; ce premier pr[…] corps à un second, qui avait un […] têtes, d'où l'on a fait Cerbère ; […] verser le Nil dans une barque, […] naissance au personnage de Caro[…] sait dans les belles plaines des […] phis, qui ont donné l'idée des Ch[…]

Suivant l'opinion de plusieurs […] doit être regardé comme le m[…] fils de Noé, comme Jupiter et N[…] sentent Cham et Japhet. Dans to[…] paraît certain qu'il régnait sur les […] l'Espagne, et comme il fut le prem[…] des mines dans les entrailles de l[…] fit le souverain de l'empire des […]

Dans l'histoire des Demi-Dieux […] comme dans celle des principa[…] trouve un fond de faits historiques […] défigurés par l'imagination des m[…] Nous ne pouvons ici rappeler tou[…]

héros pour en donner l'expli-
arrêterons seulement sur les

les exagérant, les exploits d'un
de héros célèbres, et l'on a attribué
héroïques à Hercule. Il paraît
plusieurs guerriers de ce
confondu les histoires en une
rapporter les explications de
travaux les plus extraordinaires
célèbre. Le marais de Lerne
serpents que l'on ne pouvait
mit le feu aux roseaux et fit
; à cela se réduisit l'hydre
Les oiseaux du lac Stym-
brigands qu'Hercule poursuivit
après les avoir effrayés par
Les cavales de Diomède,
présentées comme se nourrissant
avaient seulement ruiné leur
pour les nourrir, avait vendu ses
s'en empara et réduisit Dio-
les chevaux dont il avait été le
Géryon, le géant à trois têtes et à
un prince qui régnait sur les
Passant en Afrique, Hercule
qui régnait sur des montagnes
que l'on a pu dire qu'elles
ciel, et il cueillit des fruits d'or,
autre chose que des oranges.
s'expliquer toutes les fables rela-
d'Alcmène; certaines parties de sa
faire penser aussi que ses aven-
altération de celles que l'Écriture
Samson.

5*

La victoire que Thésée remporta [sur le Mi]notaure fait sans doute allusion à [quelque ac]tion hardie et heureuse par laquelle [il] franchit sa patrie du tribut [honteux qu'elle] payait à la Crète.

Les ailes au moyen desquelles [il échap]pa à la colère de Minos sont probab[lement des] voiles, dont on ne connaissait pas [l'u]sage, et que cet habile artiste adapt[a aux barques] qui l'emportaient sur la mer à la[quelle la chute] d'Icare donna son nom.

L'expédition des Argonautes, [pour réunir] les principaux capitaines de la Grè[ce, pour re]couvrer les trésors que Phrixus [avait laissés] dans la Colchide, et pour établir [un] commerce maritime avec des nati[ons,] doit être considérée comme le pre[mier voyage au] long cours qui ait été exécuté, [et comme une] entreprise remarquable par sa ha[rdiesse, si l'on] songe à l'insuffisance des moyens [dont on pouvait] disposer à cette époque pour se di[riger sur les] mers. Ce voyage, que les compa[gnons ramenèrent] accomplirent en partie par terre, [traînant] leur bâtiment après eux, eut pour [ré]sultat géographique la découvert[e du détroit] des Dardanelles, par où les Gre[cs étendirent] leurs relations avec le Pont-Euxin.

Orphée, fils d'un roi de Thrac[e, voyagea en] Égypte, et ce fut lui qui rappor[ta la] plupart des fables qui formère[nt la religion de] ce pays. Le talent avec lequel il [exposait ses] principes nouveaux, ses explicatio[ns] de la création et du système du mon[de,] avec lequel il accompagnait ses cha[n]sons de la lyre, attiraient autour d[e lui]

[...] grossiers des forêts, et firent dire [...] avaient le don d'apprivoiser les [...]vages. Le récit de son voyage aux [...] de plusieurs manières : les [...] qu'il faut l'entendre d'un voyage [...] Thesprotie, où il crut un instant [...] l'épouse qu'il pleurait ; suivant [...]rydice, piquée par un serpent, au[...] été guérie par ses soins, mais une [...] subite de la maladie ou un second [...] aurait enlevée au moment où il [...] revenir à la vie.

[...] autres traits de la fable doivent [...] seulement comme des allégories, [...] sous lesquels se cache une mo[...] la fable de Phaéton a été inventée [...] les jeunes gens contre l'impru[...]somption ordinaires à leur âge ; [...] roi Midas doit apprendre aux igno[...]ses se prononcer sur ce qu'ils ne [...] pas, et avertir les grands que leurs [...] toujours connus de tous, quelque [...] mettent à les cacher.

[...] pousserons pas plus loin ces expli[...] principaux faits de la mythologie ; [...] avons dit suffira pour faire com[...] jeunes gens à quelles altérations [...] de la vérité, à quelles inventions [...] sont dus tous ces contes qui, pendant [...], ont formé la croyance religieuse [...] les plus policés de l'univers. Toute [...]gonie est tombée devant la vraie re[...] seule est éternelle, parce que seule [...]dée sur la vérité et sur la révélation

*QUESTIONS.* Comment doit-on … la Mythologie ? — A quels passages … été empruntés l'âge d'or des poètes, … des Titans contre le ciel ? — De quels … riques a-t-on fait Jupiter, Mercure … Diane, Mars et Vulcain ? — Comment … t-il la fable de Neptune ? — Qu'y a-t-il … l'on dit des divinités de la terre ? — … les croyances des anciens sur les Enfers … — Comment a-t-on formé l'histoire … se réduit la victoire de Thésée sur le … talent en réalité les ailes inventées … doit-on penser du voyage des Argo… vérité sur Orphée ? — Faut-il voir … de la Mythologie autre chose que des … gurés ?

FIN

## DES CHAPITRES.


|  |  |
|---|---|
| 5 | Momus. 55 |
| 9 | Comus. 56 |
|  | Cupidon. *Ibid.* |
|  | Hymen. 57 |
| ... ordre. | Aurore. 58 |
| ...Temps, 11 | CHAP. II. — Divinités champêtres. |
| ... 13 | Pan. 59 |
| 15 | Palès. 61 |
| 20 | Faune. *Ibid.* |
| 22 | Sylvain. 62 |
| 30 | Satyre. 63 |
| 32 | Flore. *Ibid.* |
| 35 | Vertumne et Pomone. 64 |
| 38 | Nymphes champêtres. 65 |
| 41 | Terme. 66 |
| 42 | CHAP. III. — Divinités maritimes. |
| 45 | L'Océan. 67 |
| 47 | Téthys. 68 |
| 49 | Nérée. *Ibid.* |
| 51 | Néréides. 69 |
|  | Naïades. *Ibid.* |
| ... PARTIE. | Sirènes. 70 |
| ...cond ordre. | Éole. 71 |
| ...és terrestres. | Protée. 72 |
| 54 | Glaucus. *Ibid.* |
| *Ibid.* | Tritons. 73 |

IV.—Divinités domestiques.

Lares et Pénates. 74
Génies. 75
Cʜᴀᴘ. V.—Enfers et Divinités infernales.

Les Enfers. 76
Le Tartare. 78
Les Parques. 81
La Nuit. *Ibid.*
Le Sommeil. 82
La Mort. *Ibid.*
Les Mânes. 83
Cʜᴀᴘ. VI.— Divinités allégoriques.

Le Destin. 83
La Fortune. 84
La Renommée. *Ibid.*
La Paix. 85
La Discorde. *Ibid.*
L'Envie. 86
La Vengeance. 87
La Nécessité. *Ibid.*
Le Travail et la Paresse. 88
Le Silence. *Ibid.*
La Victoire. *Ibid.*
La Liberté. 89
L'Occasion. *Ibid.*

TROISIÈME PARTIE.

*Les Demi-Dieux et les Héros.*

I. — Persée. 92

II. — Bellérophon.
III. — Hercule.
IV. — Thésée.
V. — Jason.
VI. — Orphée.
VII. — Castor et …
VIII. — Ganymède.
IX. — Œdipe.
X. — Pélops.
XI. — Précis de … de Troie.
XII. — Héros …
XIII. — Héros …

QUATRIÈME …

*Culte rendu …*

I. — Les Temples. Prêtres et …
II. — Les Oracles. Sibylles.
III. — Les Jeux.

CHAPITRES SUPPLÉMENTAIRES.

Les sept merveilles du monde.
Les sept sages.
Explication de la Mythologie par l'histoire.

# TABLE ALPHABÉTIQUE.

Apollon, 22, 166.
Arachné, 47.
Aréthuse, 52.
Ariane, 84,
Argonautes, 107.
Argos, 92.
Argus, 21.
Ariane, 103.
Aruspices, 146.
Ascagne, 141.
Ascalaphe, 52.
Astrée, 85.
Astyanax, 138.
Athènes, 43.
Atlas, 93, 99, 169.
Atrée, 121.
Augias, 98.
Augures, 146.
Aurore, 58.
Auster, 71.

Bacchanales, 34.
Bacchus, 32, 166.
Battus, 36.
Bellérophon, 94.
Bellone, 47.
Bélus, 144.
Bias, 161.
Borée 71.
Briarée, 16.
Briséis, 129.
Brontès, 42.
Busiris, 99.

Cacus, 99.

Cadmus, 32, 114.
Caducée, 37.
Calchas, 127.
Calliope, 28.
Callisto, 17.
Calpé, 100.
Calypso, 69, 132.
Caron, 77, 168.
Carthage, 141.
Charybde, 73.
Cassandre, 134.
Cassiope, 93.
Castor et Pollux, 112.
Caucase (le), 17.
Cécrops, 48.
Centaures, 104.
Céphale, 58.
Cerbère, 78, 168.
Cérès, 51, 167.
Champs-Élysées, 76.
Chaos, 11.
Chersiphron, 144.
Chilon, 163.
Chimère, 95.
Chiron, 24.
Chloris, 63.
Ciel (le), 11.
Circé, 132.
Cléobule, 162.
Clio, 28.
Clytemnestre, 127.
Cocyte, 77.
Colonnes d'Her-cule, 100.

Colosse de Rhodes, 158.
Comus, 56.
Consuales (jeux), 44
Corinthe, 109.
Corne d'abondance 16.
Corybantes, 14, 15, 146.
Créon, 109.
Crète, 15.
Créuse, 141
Cumane (la), 151.
Cumes, 151.
Cupidon, 39, 56.
Curètes, 146.
Cyclopes, 42.
Cybèle, 11, 13.
Cycnus, 26.
Cypris, 38.
Cythère, 38.

Dactyles, 14.
Démogorgon, 59.
Danaé, 17.
Danaïdes, 80.
Danaüs, 80.
Daphné, 24.
Dardanus, 122.
Dédale, 103, 170.
Déiphode, 151.
Déjanire, 101.
Délos, 23.
Delphes, 23, 149.
Delphique, 150.
Déluge (le) 18.
Destin (le) 83.
Deucalion, 18, 165.
Diane, 30, 166.
Didon, 141.
Diomède, 98, 131.
Discorde (la), 85.
Dodone, 148.
Dryades, 65.
Dionysius, 34.

Eaque, 77.
Egée, 104.
Egide (l'), 48.
Egysthe, 128.
Electre, 127.
Enée, 39, 140.
Enfers, 76.
Envie (l'), 86.
Eole, 71.
Ephèse, 31, 144.
Epiméthée, 17.
Epire, 94.
Erato, 28.
Erichthonius, 122.
Eridan (l'), 26.
Erostrates, 145.
Eris, 85.
Esculape, 24.
Eson, 106.
Espérance, 47.
Etéocle, 119.
Etna, 16, 41.
Euménides, 79.
Europe, 17.
Eurus, 71.
Euryale, 92.
Eurydice, 111.
Eurysthée, 96.
Euterpe, 26.

Faunes, 61.
Féciaux, 146.
Flamines, 146.
Florales, 64.
Flore, 63, 167.
Fortune (la) 84.
Furie, 79.

Galles, 44.
Ganymède, 17.
Géants, 16.
Gémeaux (les) 113.
Génies, 75.
Géryon, 99, 169.

Melpomène, 28.
Ménélas, 123.
Mercure, 35, 166.
Midas, 25, 171.
Milon de Crotone, 155.
Minéides, 32.
Minerve, 47.
Minos, 77.
Minotaure, 102.
Momus, 55.
Morphée, 82.
Mort (la), 82.
Murailles de Baby-lone, 156.
Muses, 27.
Mycènes, 96.
Myrtile, 121.

Naïades, 69.
Napées, 65.
Nécessité (la), 87.
Néméens (jeux), 154.
Némésia. 87.
Neptune, 42.
Nérée, 68.
Néréides, 69.
Nessus, 101.
Nestor, 135.
Niobé, 115.
Nuit (la), 84.

Occasion (l'), 89.
Océan, 67.
Œdipe, 116.
Œnomaüs, 120.
Œnone, 139.
Ogygie, 132.
Olympe (le mont), 19.
Olympie, 153.
Olympiques (jeux), 153.

Omphale, 100.
Oracles, 147.
Oréades, 65.
Oreste, 127.
Orgies, 34.
Orphée, 111
Osiris, 34.

Paix (la) 85.
Palès, 61.
Palamède, 131.
Palilies, 61.
Pallas, 47.
Pan, 59.
Pandore, 17.
Panthéon, 145.
Paphos, 40.
Paresse (la), 88.
Pâris, 21, 123, 139.
Parnasse, 26.
Parques (les), 81.
Patrocle, 138.
Pégase, 29.
Pélée, 21.
Péléïa, 148.
Pélias, 106, 109.
Pélops, 120.
Pénates, 74.
Pénée, 24.
Pénélope, 132.
Penthée, 33.
Périandre, 162.
Périphètes, 102.
Permesse, 26.
Persée, 92.
Phalaris, 104.
Phaéton, 26, 171.
Phare d'Alexan-drie, 160.
Phèdre, 103.
Phinée, 94.
Phlégéthon, 77.
Phlégyas, 80.
Phœbé, 30,
Phœbus, 23.

Phorbas, 116.
Philoctète, 136.
Phrixus, 106.
Phrygie, 120.
Pinde (le), 26.
Pittacus, 161.
Pitys, 60.
Plaisirs (les), 39.
Pluton, 45, 168.
Plutus, 54.
Polybe, 116.
Polydamas, 155.
Polydecte, 94.
Polymnie, 28.,
Polynice, 119.
Polyphème, 42, 132.
Polyxène, 130.
Pomone, 64, 167.
Priam, 137.
Procuste, 104.
Prœtus, 95.
Prométhée, 17.
Pronuba, 20.
Proserpine, 46.
Protée, 72.
Psyché, 57.
Pyramides d'Égypte, 157.
Pyrachmon, 42.
Pyrrha, 18.
Pyrrhus, 138.
Pythie, 149.
Pythiens (jeux), 23, 154.
Python, 23.

Renommée (la), 84
Rhadamanthe, 77.
Rhée, 14.
Rhésus, 131.
Rhodope, 112.

Ris (les), 39.
Romulus, 142.

Saliens, 50, 146.
Salmonée, 80.
Sanglier d'Erymanthe, 97.
Saturne, 11.
Satyres, 63.
Sciron, 104,
Scyros, 129.
Scylla, 73.
Sémélé, 32.
Sept sages de la Grèce, 160.
Sériphe, 92.
Sibylle, 150.
Silence (le) 88.
Silène, 33.
Sinon, 125.
Sirènes, 70.
Sisyphe, 79.
Socrate, 163.
Solon, 162.
Sommeil (le), 82.
Songes (les), 82.
Sphinx (le) 117.
Sthénobée, 95.
Sthéno, 92.
Styx, 77.
Sylvain, 62.
Syrinx, 59.

Tantale, 79.
Tartare, 78.
Télamon, 107.
Télémaque, 131.
Ténare, 16, 157.
Ténédos, 125.
Terme, 66.

Ter[illegible]
Téthys, [illegible]
Thalie, [illegible]
Thalie, [illegible]
Thèbes, [illegible]
Thémis, [illegible]
Thésée, [illegible]
Thétis, [illegible]
Thyeste, [illegible]
Thyrse, [illegible]
Tibre, [illegible]
Titan, [illegible]
Titanides, [illegible]
Tithon, [illegible]
Tityre, [illegible]
Toison [illegible]
Ta[illegible]
    soie [illegible]
Travaux [illegible]
Triptolème, [illegible]
Trinacrie, [illegible]
Troie, [illegible]
Trophonius, [illegible]
Troyens [illegible]
To[illegible]
Typhée, [illegible]
Typhon, [illegible]

Ulysse, [illegible]
Uranie, [illegible]

Vertumne, [illegible]
Vesta, [illegible]
Ves[illegible]
Ve[illegible]
Vé[illegible]
Vénus, [illegible]
Victoire, [illegible]
Voie lactée, [illegible]
Vulcain, [illegible]

Zéphyre, [illegible]